L'ORACLE DE LA MAGIE DES SORCIÈRES

LORRIANE ANDERSON

ILLUSTRÉ PAR OLIVIA BÜRKI

L'ORACLE DE LA MAGIE DES SORCIÈRES

Éveillez la magie qui sommeille en vous

Intuitives
ÉDITIONS

Titre original : *Witching Hour Oracle*.
Publié pour la première fois en anglais par Rockpool Publishing, 2023.
rockpoolpublishing.com

Traduit de l'anglais par Justine Coppeaux.

ISBN : 978-2-38297-118-5

Imprimé en Chine.

www.editions-tredaniel.com
info@guytredaniel.fr
www.facebook.com/tredanieleso
@tredaniel_eso

SOMMAIRE

INTRODUCTION

L'inspiration derrière cet oracle m'est venue dans une phase de transition extrême (L'Initiation). Tellement de choses extraordinaires m'arrivaient. Des opportunités qui m'avaient jusque-là semblé à des années-lumière sont soudainement tombées du ciel (L'Invitation). De nouvelles strates de conscience se sont révélées à moi et, au lieu de taire par humilité les objectifs que je m'étais fixés et avais atteint, j'ai reconnu mon propre mérite. J'ai commencé à embrasser mon pouvoir, à le porter comme une seconde peau. Je me suis mise à exprimer clairement mes besoins et appris à dire « non » (Le Sel).

Pourtant, de nombreuses choses m'étaient en même temps arrachées. Pour la première fois en dix ans, j'ai remis en question mes croyances spirituelles alors que je voyais les preuves de mes manifestations. J'avais tellement de projets sur le feu, mais aucun qui ne porterait ses fruits avant plusieurs années (Les Forêts). J'avais entretemps pris de lourdes responsabilités financières en investissant davantage dans mon entreprise, Spirit Element, mais aussi dans ma vie personnelle. On m'a tant apporté, mais il me semblait qu'on m'en prenait plus encore. Dire que j'étais stressée est un euphémisme. Il était évident que si rien ne changeait au plus vite, je courrais droit à la catastrophe (Les Flammes).

Mis à part le stress lié à mes finances, l'univers a jugé bon de faire de nouveau entrer dans ma vie de nombreuses personnes de mon passé (Les Fantômes du passé). Quelques-uns se sont avérés être de véritables bénédictions et un moyen de renouer avec des âmes sœurs (Coven), alors que d'autres m'ont forcé à examiner les raisons pour lesquelles je ne vivais pas avec authenticité (Le Papillon de minuit) et à voir que je laissais d'autres personnes me blesser et me rabaisser (Le Chasseur de sorcière).

Je me suis alors rendu compte que tout commençait à s'écrouler, car ma foi en ma spiritualité flanchait. J'avais placé mes désirs matériels au-dessus de tout (Ensorcelé) et oublié de m'appuyer sur les choses qui m'inspiraient (L'Onguent des sorcières). Prendre soin de moi (La Baignade dans la rivière) était devenu ridicule, et l'est devenu encore plus lorsque j'ai soudainement, et très clairement, réalisé que je passais mon heure de « bain détente » à étudier des business plans — que j'avais préalablement plastifiés pour qu'ils ne prennent pas l'eau. Ma priorité n'était pas ma pratique spirituelle, et j'avais besoin de remettre les compteurs à zéro (L'Eau de Lune).

Je me suis retrouvée au plus bas, ce qui ne m'était pas arrivé depuis longtemps (Boue et mousse). Il y avait des années que je ne m'étais pas confrontée à mon ombre, mais je me retrouvais tout à coup à devoir réapprendre à faire confiance à ma vision intérieure puisqu'aucune lumière ne pouvait me guider (Prédiction). Je suis donc allée plus loin dans ma pratique spirituelle (Les Esprits), au lieu de m'en détacher comme j'avais pu le faire des années auparavant. J'ai demandé de l'aide, et j'ai sollicité mes ancêtres pour qu'ils me montrent ce qu'il fallait que je sache (La Piste du sang). La réponse que j'ai reçue était de tout recommencer.

Alors c'est ce que j'ai fait. J'ai réappris les bases. J'ai déconstruit ma pratique, l'ai réduite au minimum et à l'essence même de ce dont j'avais besoin pour me retrouver (Les Éléments). Je me suis déconnectée des bruits de mon entourage (La Sorcière solitaire) et me suis souvenue de toutes les manières dont la spiritualité avait pu me sauver, de la raison pour laquelle j'avais entamé ce travail, et ai renoué avec mes croyances spirituelles (Les Vœux sacrés).

Cela a pris un peu de temps, mais les choses ont fini par bouger (Les Saisons de la sorcière) et j'ai commencé à m'abandonner à l'esprit (Le Sort est jeté). Puis, un flot d'idées m'est venu pour cet oracle. Je vais être honnête : au départ, je n'avais aucune idée de ce qu'allait être ce coffret, juste que je devais l'écrire, j'ai donc fait le premier pas (La Papesse). Ce que j'ai découvert fut un oracle pour m'aider, moi et les autres, à retrouver notre chemin en temps de crise spirituelle.

Je partage mon histoire pour vous faire comprendre ce que signifie réellement être guidé spirituellement. Ce n'est pas seulement être témoin de très grandes manifestations (L'Heure des sorcières) car parfois, obtenir exactement ce que nous désirons nous montre en fait ce dont nous avons réellement besoin (Le Bouillon de la sorcière). Avant de pouvoir progresser (À vos risques et périls), je devais être certaine (La Sorcière des bois) de qui j'allais devenir.

Il peut s'avérer très compliqué de déceler les signes (Les Os suspendus) dont on a besoin pour trouver un but et s'épanouir, de garder espoir dans un monde où la pression sociale est omniprésente (Les Regards indiscrets). Vous pensez peut-être qu'une vie pleine de joie, d'abondance et de manifestations magiques (En haut comme en bas) n'est atteignable que par quelques chanceux (Le Chemin secret). Mais si vous lisez ceci, c'est que vous avez fait un pas de plus pour vous libérer de vos entraves (La Branche cassée) et trouver les réponses dont vous avez besoin pour accroître vos vibrations (Former le cercle), nourrir votre âme (Les herbes magiques) et révéler votre plus haut potentiel grâce à l'intelligence illimitée du royaume spirituel.

Chaque carte de ce coffret représente une étape du chemin vous reconduisant à votre véritable vous (L'Être profond). J'espère que les cartes vous aideront à trouver la beauté dans la laideur (Nourrir les corbeaux), à guérir ce qui vous immobilise (L'Épine empoisonnée) et à redécouvrir le plaisir et la joie qu'offre la vie (La Danse).

Lorriane Anderson

COMMENT UTILISER LES CARTES

COMMENT TIRER LES CARTES

La meilleure façon d'interpréter ces cartes et celle avec laquelle vous vous sentez le plus en phase. Néanmoins, on utilise traditionnellement la méthode du tirage. Il s'agit d'une série de questions sur le même sujet, posées dans un ordre spécifique. J'ai inclus des exemples de tirages qui mettent à profit l'énergie de ce jeu, mais vous pouvez en choisir un autre s'il vous semble mieux correspondre à votre question.

Tout d'abord, prenez un instant pour canaliser votre énergie : fermez les yeux et inspirez profondément. Une fois que vous vous sentez calme et serein, mélangez les cartes tout en posant votre question. Choisissez celle qui vous semble la plus prometteuse, puis posez-la suivant la méthode de tirage voulue (ou vous pouvez étaler les cartes comme vous le souhaitez). Parfois, il arrivera qu'une carte tombe du paquet. Si cela se passe, alors c'est celle qu'il vous faut.

LES CARTES RENVERSÉES

Certains oracles incluent des cartes « renversées ». En d'autres termes, si une carte est tirée tête en bas, sa signification change. Je n'en ai pas inclus ici, mis à part pour quelques cartes, lesquelles me semblaient porteuses d'autres messages. Je choisis souvent de ne pas lire les cartes renversées, cependant, si j'en tire une alors que j'étais certaine que toutes étaient dans la bonne position, ou si une carte tombe du paquet et atterrit à l'envers, il est clair pour moi que je dois prêter attention à la position de celle-ci. Si une de ces deux situations vous arrive lorsque vous utiliserez cet oracle, soyez sûr que c'est ainsi que ce doit être.

LES CARTES COMPAGNES

Il y a quelques années, j'ai découvert un tarot particulier : *Le Tarot du funambule*. Le guide qui l'accompagnait était l'un des meilleurs que j'ai pu lire. L'auteure, Siolo Thompson, avait inclus des suggestions de sens pour les cartes compagnes, ce qui m'a vraiment aidée au début de mon apprentissage du tarot et de son interprétation.

La clef de l'interprétation du tarot – et par extension de l'oracle – est de tisser une histoire. Une carte possède une signification qui lui est propre, mais celle-ci peut diamétralement changer si elle est tirée avec une autre. Chaque « carte compagne » altère le sens originel d'une façon ou d'une autre. Par exemple, dans un tirage au tarot, recevoir le Fou veut dire prendre un risque, mais s'il est tiré avec le Trois de Coupes, il peut signifier que le risque que vous vous apprêtez à prendre mènera à un chagrin d'amour. Si vous le tirez avec le Dix de Deniers, cela pourrait présager que votre prise de risque, qui est sans doute liée à l'argent ou à votre carrière, paiera et que ce geste audacieux vous conduira probablement à la réussite. Si vous le tirez avec le Pendu, cela peut indiquer que vous devriez vous arrêter et réfléchir avant de sauter le pas. Mes interprétations se sont affinées depuis que j'ai commencé à raconter des histoires avec mes cartes.

J'ai fait la liste des cartes compagnes pour de nombreuses cartes de ce coffret, de manière à vous aider à comprendre la signification derrière le tirage de deux cartes. (Si je n'ai pas naturellement vu de compagne pour une carte, je n'ai pas forcé la connexion.)

UTILISER LES CARTES COMPAGNES

Lorsque vous vous servez de tirages pour une lecture, veillez à considérer à la fois chaque carte de façon individuelle, mais aussi la totalité des cartes tirées. Lorsque vous lisez l'interprétation d'une carte, prenez note des cartes compagnes listées juste après la signification de la première carte. Si vous voyez une des cartes compagnes que j'ai listées dans votre tirage, servez-vous de la brève interprétation que j'ai fournie pour commencer à formuler votre propre histoire. Lorsque vous aurez tout lu des cartes compagnes, prenez une profonde inspiration et demandez-vous si vous vous sentez appelé à lire l'une d'entre elles en particulier. Si vous sentez que l'on vous guide en ce sens, ouvrez la page correspondante et combinez ce sens à votre interprétation en tant que carte bonus.

LES LAMES COMPAGNES

Une de mes méthodes préférées d'interprétation est d'utiliser des lames de tarot en guise de source principale d'information, puis de tirer les cartes de ce coffret pour confirmation et pour plus d'information. Je puise aussi mon inspiration du tarot. En écrivant cet oracle, j'ai pensé aux lames qui pourraient instinctivement compléter chacune des cartes, ce qui m'a soufflé l'idée d'inclure des lames compagnes dans ce livre.

Chaque carte a au moins une lame compagne dont l'énergie est similaire. Les tirer toutes les deux confirme l'interprétation et signifie que vous devez prêter une attention particulière aux conseils donnés. Si vous débutez, j'espère que les lames compagnes données ici vous aideront à voir avec quelle facilité les cartes de l'oracle se couplent avec celles du tarot.

Cependant, cet oracle fonctionne parfaitement en lui-même. Et même si j'adore combiner dans mon interprétation les cartes du tarot et de l'oracle, il m'arrive souvent de n'utiliser que l'oracle. La véritable magie de l'interprétation des cartes réside en vous. Prenez ce dont vous avez besoin dans ma méthode de lecture et laissez de côté ce qui vous semble discordant.

VOUS ÊTES MAGIQUE

TIRAGES DES CARTES

INTERROGEZ VOTRE TIRAGE

Apprenez à connaître votre oracle

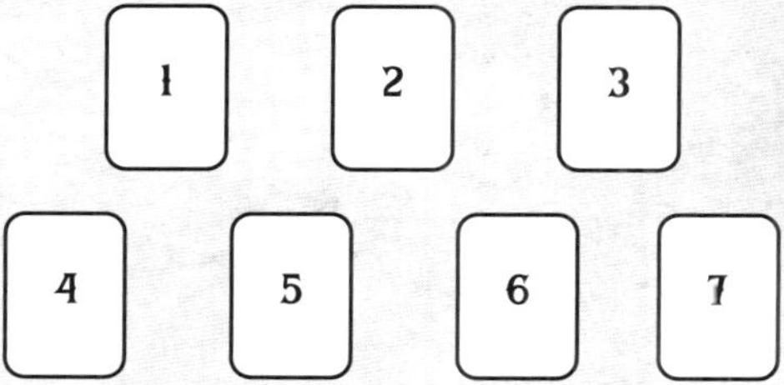

Questionner votre oracle est une pratique essentielle et vous devriez le faire au moins une fois avec chacun de vos coffrets. Apprendre à connaître vos cartes est crucial si vous prenez au sérieux la lecture du tarot et de l'oracle. Cette lecture vous montrera la manière dont elles vont communiquer avec vous. Chaque coffret a sa propre personnalité, et parfois même si vous possédez deux exemplaires du même oracle. Avez-vous déjà entendu quelqu'un dire : « mon oracle va droit au but » ou « mon oracle me procure tant de réconfort » ? Faire ce tirage vous permettra de savoir lequel va vous parler.

- Pouvez-vous décrire votre personnalité ?
- Quel est votre point fort ?
- Quel est votre point faible ?
- Comment vas-tu m'aider à grandir ?
- Quand dois-je faire appel à toi pour m'aider ?
- Quelle est la méthode la plus efficace pour travailler avec toi ?
- Comment sera notre relation ?

TIRAGES À TROIS CARTES

Les tirages à trois cartes sont rapides, faciles et adaptés aux débutants. Le tirage traditionnel se présente en passé/présent/futur, mais il en existe d'autres que vous pouvez essayer. Vous trouverez ci-dessous une liste d'idées, mais sentez-vous libre de développer les vôtres.

- Passé/présent/futur
- 1 mois/3 mois/1 an plus tard
- Le thème du jour/la bénédiction du jour/l'obstacle du jour
- Tête/corps/esprit
- Problème/solution/conseil
- Ego/Moi supérieur/guides spirituels
- Qui pensez-vous être ? /Qui êtes-vous vraiment ?/ Quel est votre but ?
- Vous/statut de la relation/votre partenaire
- Qu'est-ce qui vous retient ?/Quelle est votre plus grande force ?/ Que devez-vous entreprendre pour vous émanciper ?
- Situation actuelle/option 1/option 2

TIRAGE DE LA BAIGNADE DANS LA RIVIÈRE

Prendre soin de soi une fois par semaine

C'est un tirage facile pour débuter votre semaine. Prendre soin de soi, ce n'est pas seulement se détendre. Il s'agit aussi de trouver la force dans les situations difficiles et d'être capable d'identifier et de satisfaire ses besoins. Ce tirage vous permettra d'obtenir une vision plus précise des choses sur lesquelles vous devez vous concentrer et des défis que vous pourriez rencontrer dans les sept prochains jours.

- Un besoin personnel sur lequel se concentrer cette semaine.
- Qu'est-ce qui m'inspirera cette semaine ?
- Comment surmonter le défi de cette semaine ?

TROUVEZ VOTRE COVEN

Apprendre à connaître de nouveaux amis

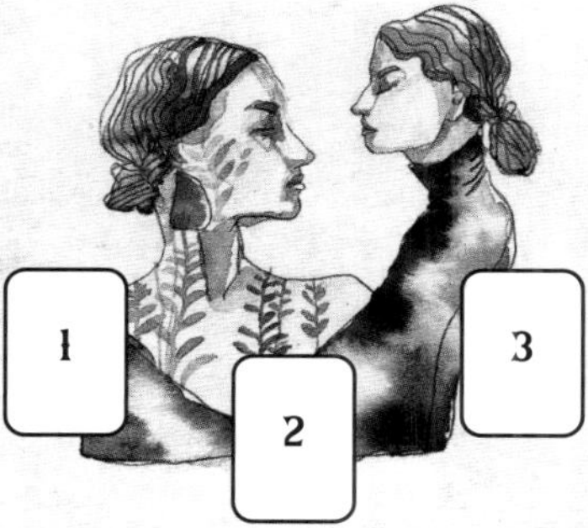

Vous venez juste de rencontrer une nouvelle personne avec qui vous aimeriez développer une relation ? Utilisez ce tirage pour savoir à qui vous avez affaire et connaître la meilleure façon de naviguer dans cette relation. Il fonctionne également pour un potentiel partenaire amoureux ou des collaborations professionnelles.

- Qu'ai-je besoin de savoir sur cette personne ?
- À quoi ressemblerait l'énergie de la relation ?
- Comment puis-je être une meilleure personne ou ami dans cette relation ?

LES PHASES DE LA LUNE

Un tirage général à quatre cartes

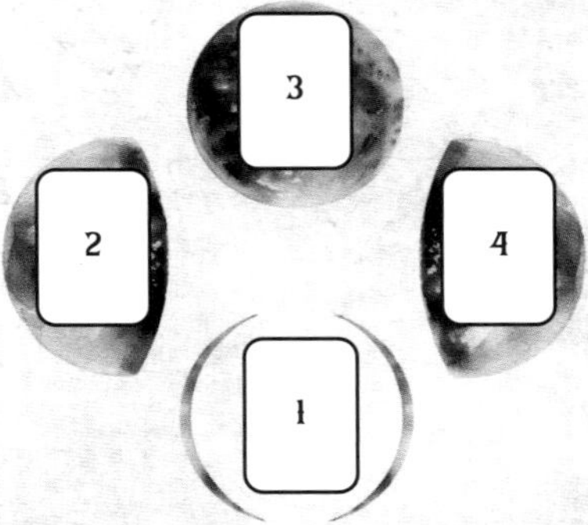

Ce tirage est rapide et facile à faire lorsque vous avez besoin de conseils qui vont droit au but. Il convient tout à fait pour résoudre des problèmes, mais aussi lorsque vous êtes coincé, incertain ou avez besoin d'une confirmation supplémentaire.

- Nouvelle lune : Que se passe-t-il dans votre situation ?
- Lune croissante : Une action à entreprendre.
- Pleine lune : Que savez-vous de votre situation ?
- Lune décroissante : Une chose dont il faut se décharger.

TIRAGE DES ÉLÉMENTS

Quelles ressources sont à votre disposition ?

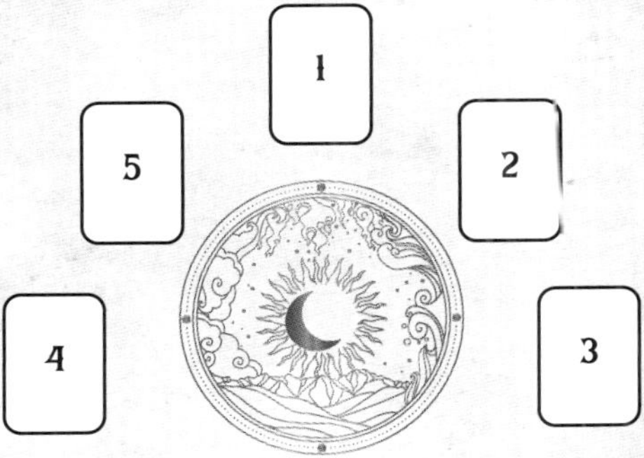

Utilisez ce tirage pour faire le point sur votre vie. Il convient davantage à une évaluation générale qu'à une situation spécifique ou à une question. Je trouve qu'il est utile au début et à la fin de chaque mois, lorsque je me penche sur les dernières semaines écoulées et sur ce que je compte faire le mois suivant.

- Air : Que devez-vous connaître sur votre état d'esprit et sur vos perspectives ?
- Feu : Que devez-vous connaître sur votre santé, votre énergie et votre bien-être ?

- Eau : Que devez-vous connaître sur l'amour et sur vos sentiments ?
- Terre : Que devez-vous connaître sur vos finances ?
- Esprit : Quel message l'Esprit souhaite-t-il partager avec vous ?

TIRAGE DE LA FORÊT

Avoir une vision d'ensemble

Ce tirage vous aidera à comprendre où focaliser votre attention lorsque vous vous sentez bloqué et êtes incertain de la marche à suivre. C'est un excellent tirage à faire en début de journée, tous les trimestres ou lorsque vous ressentez le besoin de revoir vos objectifs.

- Distraction : Sur quels détails êtes-vous trop concentré ?
- Focus : Quels petits détails avez-vous manqués et mériteraient pourtant que vous vous y arrêtiez ?

- Vision d’ensemble : Sur quoi devriez-vous vous concentrer à la place ?
- Voir les signes : Comment saurez-vous que vous vous concentrez sur les mauvaises choses à l’avenir ?
- Dézoomer : Comment pouvez-vous retrouver une vision d’ensemble ?

LE GRIMOIRE

Un tirage pour n'importe quelle situation

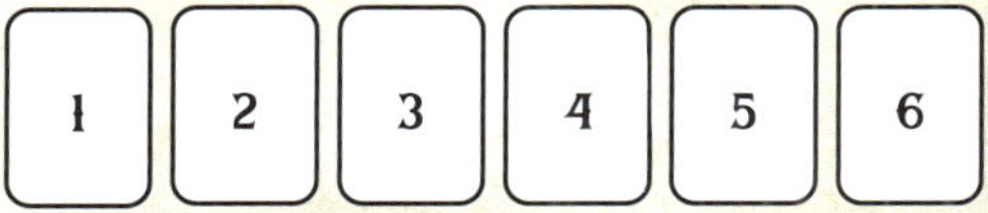

Ce tirage peut être utilisé pour quasiment toutes les situations, il est cependant plus détaillé que celui des phases de la Lune. Utilisez-le lorsqu'il vous faut des réponses, mais que vous ne savez pas par où commencer.

- Conscience psychique : Quelle est la nature de votre situation ?
- Protection : Que devrez-vous affronter dans cette situation ?

- Exil : De quoi devez-vous vous défaire ou surmonter ?
- Les bases : Quelle est la chose que vous devez absolument savoir ou faire ?
- Guérison : Comment pouvez-vous vous assurer d'un dénouement positif ?
- Amour : Quel est le meilleur dénouement possible dans votre situation ?

EN HAUT COMME EN BAS

Un tirage pour manifester ses ambitions

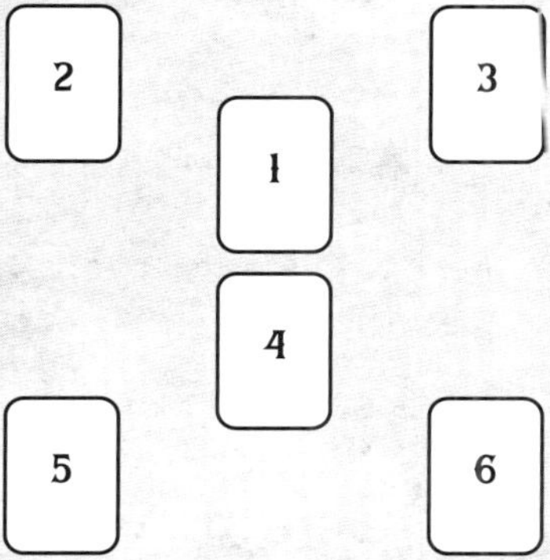

Utilisez ce tirage pour obtenir un aperçu de vos futurs objectifs, projets et intentions.

- Votre vibration actuelle.
- Comment pouvez-vous vous aligner avec votre objectif en termes d'énergies ?
- Comment faire se réaliser ces objectifs ?
- De quelle manière sabotez-vous vos objectifs ?
- Quels aspects doivent être clarifiés ?
- Quels sont les résultats attendus ?

LES CARTES

1. LA CONNAISSANCE

MOTS-CLÉS

Faites le premier pas ; ayez confiance en votre âme et en votre intuition ; n'attendez pas d'être prêt

LAMES COMPAGNES

L'Impératrice ; Le Fou

Tous les êtres vivants sur cette planète et chaque corps céleste de l'univers savent instinctivement ce qu'ils doivent faire. Vous trouvez cette intelligence chez les fleurs, lorsqu'il est temps d'éclore. On l'observe chez les animaux migrateurs, les guidant vers un climat plus clément. On la retrouve chez les planètes qui orbitent autour du soleil, en parfaite synchronie. Et elle est également en vous. Votre corps sait quand se déplacer et comment se développer, votre cerveau comprend comment acquérir de nouvelles compétences, comme la parole, et votre cœur sait instinctivement comment se lier à d'autres êtres. L'intelligence qui guide la Terre et ses habitants est la même sagesse qui guide votre intuition et vous montre comment surmonter les obstacles et quel chemin mène à l'épanouissement.

Lorsque vous tirez cette carte, cela vient confirmer que vous savez déjà quoi faire dans la situation dans laquelle vous vous trouvez. Vous ne le voyez pas, mais votre conscience supérieure télécharge des quantités astronomiques d'informations toute la journée et le partage avec vous sous forme de rêves, de désirs et de toutes ces choses qui vous passionnent. Chaque rêve éveillé ou fantasme est un aperçu de ce que pourrait être votre futur. Ce ne sont pas des idées folles ou des illusions de grandeur. C'est votre conscience supérieure, aidée de vos ancêtres, vos guides spirituels et le cosmos qui vous fournissent des indices qui vous mèneront à accomplir votre destin et à atteindre la réussite.

Suivez l'un des petits cailloux et un autre apparaîtra, continuez de les suivre et un troisième se révélera. Tous vous guideront, pas à pas, vers la meilleure solution possible. Ayez confiance en l'existence d'une partie de vous qui sait quoi faire dans cette situation, et croyez en vous pour agir en accord avec ce que l'univers souhaite.

CARTES COMPAGNES

L'IMPÉRATRICE : Prenez les devants dans cette situation et faites-vous confiance : vous êtes la personne idéale pour résoudre cette situation de manière positive.

L'INVITATION : Le succès vous attend : persévérez. Ayez confiance et les résultats suivront.

À VOS RISQUES ET PÉRILS : Votre première impression était la bonne. Ayez confiance en votre ressenti.

2. LA SORCIÈRE SOLITAIRE

MOTS-CLÉS

Soignez-vous en priorité ; tout commence avec vous ; croyez en vous

LAME COMPAGNE

La Tempérance

La sorcière solitaire ne se préoccupe pas de ce que font les autres. Elle préfère pratiquer seule dans un lieu sacré de son choix plutôt que de dépendre et de s'entourer d'un coven. Elle peut, à l'occasion, se joindre à d'autres mais comprend qu'à terme, elle doit suivre sa voie seule, à son propre rythme. Beaucoup la solliciteront pour ses dons, et elle sera heureuse d'en faire profiter, mais sa propre guérison est prioritaire, car elle sait qu'il est impossible d'aider quiconque si elle ne prend pas soin d'elle-même.

Tirer *La Sorcière solitaire* signifie que vous vous êtes négligé. Vous avez peut-être besoin de vous isoler, de vous donner l'occasion d'expérimenter quelque chose d'unique ou de consacrer plus de temps au développement de vos dons avant de les partager avec d'autres. Tirer cette carte peut aussi vouloir dire que votre travail de guérison doit commencer en vous. Vous devrez peut-être vous préparer à guérir vos lignées ancestrales, ou bien vous pourrez être appelé à améliorer votre relation avec vos guides spirituels.

Si votre question implique d'autres personnes, recevoir cette carte vous encourage à réfléchir à la manière dont vous pourriez être meilleur avec elles. Il est peu probable que vous puissiez faire changer l'avis des gens, mais vous pouvez changer votre réaction face à leur comportement. Il est peut-être temps de tourner la page.

CARTES COMPAGNES

LES ÉLÉMENTS : On vous encourage à compter davantage sur vous-même. C'est de vous dont vous avez le plus besoin en ce moment.

LE PAPILLON DE MINUIT : Vous possédez déjà les qualités que vous enviez aux autres. Regardez en vous, cherchez attentivement ces qualités et développez-les.

LES INVOCATIONS : Parlez-vous comme si vous vous adressiez à un partenaire amoureux. Honorez-vous comme un être sacré et cultivez votre estime de vous.

3. NOURRIR LES CORBEAUX

MOTS-CLÉS

Transformation ; chercher la connaissance ; voir la beauté aux endroits les plus inattendus

LAME COMPAGNE

Le Six d'Épées

Pour les personnes qui ne croient pas en la magie, les corbeaux sont souvent considérés comme des nuisibles. Cependant, au sein de la communauté magique, ils sont un merveilleux symbole de magie. Ils représentent la manifestation, la métamorphose et la transformation. Ils seront également là pour vous avertir lorsque vous aurez besoin d'aide ou serez sourd face au danger. Ce sont des créatures complexes, mais possédant une des énergies animales les plus belles avec lesquelles travailler si vous les laissez vous guider.

Le fait que la majorité des gens voient en eux un mauvais présage ne fait que renforcer leur magie. Les corbeaux vous apprennent à voir la beauté dans la laideur, dans l'indésirable et à reconnaître ce dont vous devez vous débarrasser. Ce sont souvent les obstacles rencontrés et les périodes sombres traversées qui vont vous permettre de grandir. Si vous tirez cette carte, cela pourrait signifier qu'il faille tirer le meilleur parti d'une situation difficile. Ce que vous traversez actuellement est en train de vous changer et, bien que cela puisse être une épreuve en ce moment, vous vous rendrez compte un jour qu'elle a pavé la route de votre réussite.

Cette carte vous est peut-être apparue alors que vous vous prépariez à approfondir votre pratique, ou alors que vous vous apprêtiez à éveiller vos dons psychiques et aspects de vous qui étaient restés dormants jusque-là. Les dons ont toujours su nous trouver en cas de besoin. Ne soyez pas surpris de vous découvrir des talents lorsque vous vous trouvez dos au mur. Recevoir cette carte est un signe que vous êtes sur le point de déverrouiller une conscience de vous-même qui changera le cours de votre vie.

CARTE COMPAGNE

AUCUNE : Cette carte surpasse toutes les autres. Si vous la tirez, c'est parce que vous n'avez toujours pas assimilé les leçons de votre situation actuelle. Prenez un moment pour méditer sur la manière dont vos épreuves vous aident à grandir.

4. LE FAMILIER

MOTS-CLÉS

Les liens profonds ; l'amitié ; les liens indéfectibles

LAME COMPAGNE

Le Deux de Coupes

La relation entre une sorcière et son familier est un lien profond, forgé par le destin. Un familier apparaît généralement lorsqu'une sorcière le désire et est prête à accueillir ce genre de relation dans sa vie. Ainsi, cette carte représente le lien entre âme sœurs. C'est un bon présage dans la recherche de l'amour et pour ceux en quête de relations plus intenses.

Il est temps de chercher du réconfort et de l'aide auprès des autres. Prêtez une attention particulière aux nouvelles personnes qui entrent dans votre vie, car elles se lieront potentiellement à vous pour longtemps. Vous pourriez ressentir de la familiarité à leur égard, comme si vous les connaissiez depuis des années, et peut-être est-ce le cas.

Si vous vous êtes enquis d'une personne en particulier, tirer cette carte est rassurant : vous pouvez lui faire confiance et lui ouvrir votre cœur. Si vous êtes déjà en couple, cela symbolise un regain de respect et d'engagement. Cependant, au Familier se joint un petit avertissement : la présence de cette carte signifie simplement qu'une connexion s'offre à vous. Aller à la rencontre ou vous lier à votre âme sœur ne garantit en rien que votre relation sera facile ou digne d'un conte de fées. Soyez attentif à nourrir cette relation pour en assurer la pérennité.

CARTES COMPAGNES

TRAVERSER LE VOILE : Vous croiserez de nombreuses âmes sœurs au cours de votre vie et elles ne sont pas toutes destinées à y rester pour toujours. Certaines resteront juste assez longtemps pour vous aider sur votre chemin, puis vous vous séparerez. Tirer ces cartes ensemble est le signe que cette personne n'est qu'une âme sœur temporaire.

COVEN : La personne dont vous vous êtes enquis, ou celle que vous rencontrerez bientôt, fera certainement longtemps partie de votre vie.

LES REGARDS INDISCRETS : Vous avez un admirateur.

L'ONGUENT DES SORCIÈRES : Vous allez sans doute rencontrer quelqu'un d'important lorsque vous serez en train de vous amuser, que ce soit lors d'une fête, d'un événement ou au sein de votre cercle social. Passez plus de temps à développer et à entretenir votre vie sociale dans les prochaines semaines.

LE SORT EST JETÉ : Un nouvel amour ou une nouvelle amitié arrive. Ayez confiance en l'univers, il vous aide à établir les bonnes connexions au moment opportun.

5. L'INVITATION

MOTS-CLÉS

« Oui ! » ; continuez ce que vous faites ; une opportunité se présente à vous

LAME COMPAGNE

Le Chariot

L'univers vous offre toujours des chemins par lesquels obtenir ce que vous désirez. Parfois, ces chemins sont parsemés d'indices subtils qu'il est facile de manquer. D'autre fois, au contraire, le chemin est dégagé : peut-être qu'un de vos amis a donné votre numéro à quelqu'un, ou bien une opportunité est tombée du ciel. Ce sont des invitations à réaliser vos désirs, mais il se peut que la peur entrave la voie alors que vous êtes sur le point de concrétiser vos rêves.

Ce que vous souhaitiez est venu frapper à votre porte, mais l'angoisse et le doute se sont installés. Devriez-vous attendre une meilleure opportunité ? Peut-être avez-vous émis plus de souhaits que ce que vous êtes réellement prêt à accomplir ? Peut-être avez-vous pensé que cette chance se présenterait beaucoup plus tard, ou que c'était si improbable que ça n'arriverait jamais.

Rien n'est trop grand, trop improbable ou trop impossible pour l'univers. Lorsque vous demandez quelque chose, l'univers vous donnera un moyen de l'atteindre, mais c'est à vous que revient la décision d'accepter ces cadeaux. L'univers ne vous forcera pas à passer un entretien, à dire « oui » à un rendez-vous amoureux, à investir dans un projet, une entreprise, ou à appeler ce numéro inespéré. C'est à vous qu'il revient de dire « oui », malgré vos peurs.

Lorsque cette carte apparaît, c'est le signe évident que la réponse à votre question est « OUI » ! C'est votre confirmation que le chemin devant vous est le bon. Cela ne veut pas dire pour autant qu'il n'y aura ni obstacles ni peurs, cela signifie simplement que vous vous dirigez dans la bonne direction et devez continuer sur cette voie.

Cette carte signifie aussi que des opportunités vont se présenter à vous. Vous pourriez recevoir des nouvelles ou un message important.

CARTE COMPAGNE

LA CONNAISSANCE : C'est la confirmation que vous êtes en route vers le succès et devez persévérer dans ce que vous faites. Ayez confiance et les résultats suivront.

6. L'HEURE DES SORCIÈRES

MOTS-CLÉS

Circonstances favorables ; carte de vœux ; intention véritable ; manifestation

LAME COMPAGNE

Le Neuf de Coupes

Cette carte est probablement la carte la plus positive et la plus puissante de cet oracle. Elle symbolise le bonheur suprême et la convergence magique. Elle indique que les circonstances sont très favorables à votre question et à votre situation. Vous pouvez voir l'énergie de cette carte se manifester par un gain financier, une avancée dans une relation, l'obtention d'un meilleur emploi, de la maison parfaite ou de tout autre résultat désiré et lié à votre question.

Elle vient aussi confirmer que votre travail spirituel porte ses fruits. Vous apprenez et intégrez bien les leçons. Vos compétences se combinent pour créer une magie authentique et pure. L'univers le voit et récompensera vos efforts. Vous entrez dans une période où le pouvoir de manifestation est accru et doit être utilisé judicieusement. En phase avec vos désirs, définissez clairement vos objectifs et mettez-les en œuvre.

CARTE COMPAGNE

LES FORÊTS : C'est le moment idéal pour commencer à travailler sur la réalisation de vos objectifs à long terme. Quelle est votre grande vision de la vie ? Que pouvez-vous faire pour que vos rêves actuels prennent de l'ampleur ?

7. MENSONGES

MOTS-CLÉS

Tromperie ; intrigues ; évasion ; sabotage ; vous protéger

LAME COMPAGNE

Le Sept d'Épées

Prenez garde à vos fréquentations, car une personne ou une chose à l'apparence charmante vous veut du mal. Tirer cette carte est un avertissement à tout revérifier avant de donner votre accord pour quoi que ce soit. Quelqu'un pourrait être en train d'essayer de vous duper ou de jouer un double jeu. Même une personne avec les meilleures intentions peut vous blesser si elle use de manipulation et de mensonges pour vous convaincre de faire ce qu'elle estime être le mieux.

Prenez des précautions supplémentaires dans les jours et semaines à venir et protégez-vous ainsi que votre énergie du mieux que vous le pouvez. Soyez attentif aux signes qui indiqueraient que votre énergie est drainée par d'autres. Si vous ressentez de la fatigue, de l'agitation, de la nervosité ou que votre humeur se dégrade alors qu'il n'y a aucune raison, il se pourrait que vous soyez victime des manigances énergétiques de quelqu'un d'autre.

Si cette carte venait à tomber du paquet et à se retrouver en position renversée, cela pourrait vouloir dire que vous êtes la source de cette énergie toxique et que vous avez fait ou dit quelque chose qui a causé du tort à un tiers. Renouez avec votre intégrité et votre lumière, et présentez des excuses si nécessaire.

CARTES COMPAGNES

JUSQU'À LA TOMBE : Prenez plus de précautions lorsque vous partagez des détails sur vous ou vos objectifs. Quelqu'un que vous connaissez bien pourrait vous copier ou être prêt à tout pour saboter votre réussite.

LA BRANCHE CASSÉE : C'est la preuve d'une relation toxique. Trouvez d'autres personnes pour vous aider.

LE CHASSEUR DE SORCIÈRES : Faites très attention dans les semaines qui suivent. Soyez attentif et prenez des mesures pour vous protéger d'éventuelles pertes. Des défis inattendus pourront avoir un impact significatif.

LES FANTÔMES DU PASSÉ : Une personne de votre passé pourrait vous vouloir du mal ou n'est pas bien intentionnée. Protégez-vous.

LES REGARDS INDISCRETS : Quelqu'un vous épie et pourrait être source de compétition ou de sabotage. Ce message est d'autant plus sérieux lorsqu'En Secret, Les Regards indiscrets et Jusqu'à la tombe apparaissent ensemble.

LA SORCIÈRE SOLITAIRE : Ne considérez aucun partenaire pour votre projet en ce moment.

8. LES FORÊTS

MOTS-CLÉS

Avoir une vision d'ensemble ; maintenir la vision ; poursuivre un but

LAMES COMPAGNES

Le Trois de Bâtons, Le Roi de Bâtons

Il y a un dicton : « l'arbre cache la forêt ». Il signifie que l'on ne doit pas s'arrêter sur les détails au risque de manquer l'ensemble. Chaque journée est remplie de petites choses qui font plus – ou moins – pencher la balance vers un bon jour. Certains jours seront dramatiques, chaotiques et emplis de ce qui pourrait être ressenti comme des milliers de minuscules coupures spirituelles. Et dans ces moments vous pourriez éprouver l'envie irrépressible d'abandonner, de changer de voie ou de faire machine arrière pour regagner un semblant de sécurité et de confort.

Cette carte pourrait aussi indiquer que vous vous concentrez trop sur de petits détails. Il y a tellement à faire et à découvrir si vous prenez un peu de recul pour voir l'ensemble.

N'abandonnez pas maintenant. Vous surmonterez les obstacles et ils ne seront bientôt qu'un lointain souvenir. Si vous êtes bloqué ou cherchez une solution au problème, dirigez votre attention sur autre chose. Occupez-vous de choses amusantes, faciles à réaliser ou qui vous semblent ludique. Lorsque vous avez besoin de reprendre espoir, rappelez-vous vos objectifs et souvenez-vous des raisons pour lesquelles tout ce que vous traversez en vaut la peine.

CARTES COMPAGNES

LE BOUILLON DE LA SORCIÈRE : Sortez de votre zone de confort. Ce que vous êtes en train de faire ne marche pas et vous devez trouver des solutions alternatives. Sinon, il pourrait être temps de vous remémorer certains de vos objectifs : ont-ils besoin de changer ou d'évoluer ?

LE GRIMOIRE : Vous n'êtes pas encore prêt pour des objectifs à long terme et avez besoin d'acquérir davantage de compétences, d'informations et de ressources. Concentrez-vous sur des objectifs à moyen terme à la place. Si vous vous y sentez appelé, tirez une autre carte et demandez : « Comment saurais-je quand je serai prêt à poursuivre mes plus grands objectifs ? »

À VOS RISQUES ET PÉRILS : Il est possible que vos objectifs ne soient pas clairement définis ou alignés. Faites une pause pour y voir plus clair avant de prendre d'autres décisions.

L'IMPÉRATRICE : Vous êtes prêt à vous attaquer à des objectifs plus ambitieux. Assumez le rôle de leader dans votre vie et avancez étape par étape. Que vous soyez inexpérimenté n'a pas d'importance : vous serez guidé vers ce dont vous avez besoin pour réussir.

9. LE CHEMIN SECRET

MOTS-CLÉS

Ascension ; illumination ; viser l'excellence ; tout le monde ne peut pas l'emprunter

LAME COMPAGNE

Le Fou

Viser l'excellence est l'enjeu de cette carte. Ceux qui la reçoivent sont prêts à passer au niveau supérieur et à vivre plus ambitieusement. Cependant, et même si vous le souhaitez, tout le monde ne poursuivra pas ce voyage avec vous au fur et à mesure que vous évoluerez. Lorsque vous changez et vous transformez, vous défiez aussi silencieusement les autres à faire de même. Chercher à atteindre l'excellence poussera votre entourage proche à examiner leurs propres ambitions. Vous inspirerez certains qui s'épanouiront à vos côtés et le chemin secret leur sera révélé. Mais beaucoup, si ce n'est la majorité, se laisseront envahir par la peur, le doute ou la jalousie, les paralysant ou les poussant à dévier du chemin.

Vous avez tiré cette carte parce que vous êtes sur le point d'embarquer pour une nouvelle aventure, où tous ne peuvent participer. Si votre question concerne une personne, vous devriez vous demander s'il ne serait pas temps de mettre un terme à cette relation ou de fixer des limites plus claires. Si vous vous questionnez sur votre carrière ou sur votre entreprise, vous pouvez considérer de quitter votre poste actuel pour commencer quelque chose de complètement nouveau. En général, cette carte signifie que des opportunités se présentent à vous, que peu de personnes auront la chance de rencontrer. N'ayez pas peur de marcher seul sur ce chemin.

CARTES COMPAGNES

L'INVITATION : Votre situation vous conduira à la réussite, vous recevrez d'extraordinaires opportunités, ou bien l'opportunité sur laquelle vous vous questionniez est la bonne.

EN HAUT COMME EN BAS OU **L'HEURE DES SORCIÈRES :** Se faire confiance et croire en soi sont les clés du succès. Ce choix vous mènera à des récompenses d'ordre financier.

LE FAMILIER : Vous avez rencontré ou rencontrerez quelqu'un qui se joindra à vos efforts. Cette personne sera votre compagne tout au long du chemin.

10. LES OS SUSPENDUS

MOTS-CLÉS

Voir les signes ; synchronismes ; faire attention ; agir en conséquence

LAME COMPAGNE

Les Valets, particulièrement le Valet de Coupes

Les signes se manifestent partout pour ceux qui savent où regarder et comment les interpréter. Par chance, vous comptez parmi les rares personnes conscientes de l'existence de ces signes et de la manière dont les utiliser avec sagesse. Cependant, recevoir cette carte suggère que vous pourriez douter du caractère sacré et significatif de ces signes, également connus sous le nom de « synchronicités », qui se sont récemment présentés à vous. Des nombres, couleurs, formes, animaux et des « coïncidences » sont la façon dont l'univers communique avec vous. Ils confirment vos choix, vous indiquent la bonne direction et vous rappellent qu'ils sont là pour vous.

Ces signes ne sont pas des erreurs et, une fois que vous leur aurez fait honneur, vous vous rendrez compte que l'esprit vous a guidé en vous chuchotant tout au long de votre vie. Ne questionnez pas un signe lorsqu'il se présente à vous. Réjouissez-vous plutôt de ce clin d'œil de l'univers et agissez en conséquence. Si un signe vous semble être une validation positive, alors honorez-le. Si un signe vous apparaît comme un avertissement, alors prenez garde et n'oubliez pas d'adresser une petite prière de gratitude pour chaque signe reçu. Avec l'expérience et en prêtant encore plus attention, les signes deviendront plus clairs et leur manifestation plus fréquente.

CARTE COMPAGNE

AUCUNE : Cette carte symbolise la capacité de reconnaître les signes, peu importe où ils apparaissent dans un tirage. Observez les autres cartes pour déterminer dans quels domaines de votre vie ces signes vous prodiguent leurs conseils.

II. À VOS RISQUES ET PÉRILS

MOTS-CLÉS

Faites une pause ; attendez une confirmation ; vous pouvez dire « non » ; la réponse à votre question est « Non ! »

LAME COMPAGNE

Le Pendu

La peur est parfois une opportunité de gagner en courage, et parfois, c'est votre conscience supérieure, qui vous avertit du danger à venir. S'arrêter lorsque le doute et la peur vous assaillent, vous donne le temps de considérer pleinement d'où provient votre inquiétude et de prendre une décision éclairée. En y regardant de plus près, vous pourriez constater que cette chose qui vous faisait si peur est en réalité inoffensive. Ou bien vous pourriez confirmer que vos inquiétudes étaient justifiées et vous sentir soulagé sachant que vous avez évité cet écueil. Dans tous les cas, mieux vaut prévenir que guérir.

Puisque vous avez tiré cette carte aujourd'hui, c'est un avertissement à ralentir, à faire une pause et à réfléchir calmement avant de poursuivre tout plan ou décision.

C'est aussi un rappel que vous avez le droit de demander plus de temps avant de vous engager dans un plan d'action, de poser plus de questions, de dire « non » ou même de changer d'avis malgré votre certitude de départ. La réponse de cette carte à vos questions est un « non ! » catégorique.

CARTES COMPAGNES

LA CONNAISSANCE : Votre première impression était la bonne. Ayez confiance en ce que vous ressentez dans cette situation ou envers cette personne.

L'INITIATION : Ce que vous vous préparez à affronter n'est pas quelque chose dont vous devez avoir peur. Oui, c'est un défi, mais qui se résoudra très probablement en votre faveur.

12. LES ÉLÉMENTS

MOTS-CLÉS

Retour aux fondamentaux ; recommencez ; reconnectez-vous à la nature

LAME COMPAGNE

L'Empereur

La magie élémentaire est l'une des pratiques spirituelles les plus naturelles que vous puissiez adopter. Les éléments représentent les fondations de la terre et nous enseignent la valeur de cette magie à la fois naturelle et puissante. L'eau nous donne la vie, mais peut aussi être mortelle. Le feu peut être aussi doux que la lueur d'une bougie, mais peut aussi être destructeur. La terre est solide et forte, même si elle peut faire trembler nos vies et nos fondations. L'air est invisible, mais peut pourtant se déchaîner en tempêtes terrifiantes.

Les fondamentaux détiennent plus de valeur que nous le pensons. Parfois, lorsque vous vous sentez perdu, la meilleure chose que vous puissiez faire est de recommencer. Repartez de ce qui vous a inspiré au départ. Redécouvrez la magie de travailler avec peu. Retournez à l'endroit de votre premier rendez-vous lorsque votre relation est ébranlée. Appelez vos amis, si vous avez oublié comment vous amuser. Retournez à la toute première pratique spirituelle par laquelle vous avez commencé votre cheminement et qui vous a enseigné à vivre spirituellement.

Lorsque vous tirez cette carte, c'est que vous disposez de plus d'options que vous ne le pensez. Apprenez à travailler avec ce que vous avez et à comprendre l'intérêt d'avoir des options limitées. Cela vous force à faire preuve de créativité et vous rappelle que, parfois, les choses les plus précieuses se trouvent dans les actions les plus simples.

Si cette carte tombe du paquet et se retrouve en position renversée, sa signification devient plus littérale, et vous encourage à limiter vos pratiques spirituelles aux éléments. Expérimentez-les un à un et redécouvrez la magie propre à chacun d'eux. Prenez note des enseignements de chacun et réfléchissez à la manière dont ces leçons s'appliquent à votre situation actuelle.

CARTES COMPAGNES

LA SORCIÈRE SOLITAIRE : Comptez sur vous-même : c'est de vous dont vous avez le plus besoin en ce moment.

FORMER LE CERCLE : Recommencez. Vous avez omis des étapes cruciales ou négligé des compétences pourtant indispensables avant de mettre en œuvre vos plans.

LE BOUILLON DE LA SORCIÈRE : Une nouvelle passion ou compétence peut vous amener à changer votre vie.

LES FANTÔMES DU PASSÉ : Renouez avec quelqu'un de votre passé. Un nouveau départ peut mener à des résultats positifs.

13. L'INITIATION

MOTS-CLÉS

Une épreuve sacrée ; un pari gagnant ; se préparer à risquer le tout pour le tout

LAME COMPAGNE

Le Neuf de Bâtons

Les initiations sont pratiquées depuis des milliers d'années. Elles symbolisent votre volonté à être prêt à tout risquer pour exceller et vous mettent au défi de voir si vous êtes prêt à vous engager sur le chemin qui s'ouvre à vous. Elles ne sont pas conçues pour être faciles ou amusantes. Elles représentent une épreuve de caractère, de détermination et de courage – et de votre capacité à faire face aux défis inattendus et à en triompher. Vous pourriez vous lancer dans la bataille et échouer, malgré votre entraînement ou votre préparation, mais c'est un pari nécessaire. Il n'y a aucune garantie de succès, mais il est certain que vous perdrez si vous n'essayez pas.

Vous entrez dans une période d'initiation ou vous le serez bientôt. L'univers vous met au défi de voir de quelles manières vous surmonterez vos circonstances. Tout comme les examens de fin d'année ou un entretien d'embauche, vous devez prouver que vous êtes prêt à affronter ces grands défis qui accompagnent de grandes ambitions. Votre situation exige de vous calme, confiance, logique, stratégie et la volonté de ne pas reculer face à l'adversité.

Le côté le plus positif de cette carte est qu'une initiation signifie la fin d'un cheminement et le début d'un autre. Les nombreux obstacles auxquels vous faites face touchent à leur fin, cette carte est donc porteuse d'espoir pour toutes les bonnes choses à venir.

CARTES COMPAGNES

LE CHEMIN SECRET : Ce chemin est une opportunité rare qui ne se présente qu'à très peu de personnes. Réfléchissez sérieusement si vous pouvez vous permettre de la laisser passer. Cette chance pourrait ne pas se représenter.

À VOS RISQUES ET PÉRILS : Ce que vous vous préparez à affronter n'est pas quelque chose dont vous devez avoir peur. Oui, c'est un défi, mais qui se résoudra très probablement en votre faveur.

LES REGARDS INDISCRETS : Une personne observe attentivement votre cheminement en éclaireur.

FORMER LE CERCLE : Suivez les règles. Ce n'est pas le moment de prendre des libertés ou d'ébranler le statu quo. Suivre l'ordre établi peut vous aider à prendre de l'avance.

14.
L'IMPÉRATRICE

MOTS-CLÉS

Leadership ; courage ; volonté d'être précurseur ; confiance en l'inconnu

LAME COMPAGNE

L'Impératrice

Chacun d'entre nous est un leader, sans pour autant diriger d'immenses foules ou influencer les masses. Vous êtes le leader de votre propre vie et vous avez la capacité d'avancer dans la direction de votre choix. Être un leader, même à petite échelle, requiert du courage. Mais dans cette vie, votre âme est née en sachant comment atteindre l'excellence. Vous n'avez pas besoin de connaître toute la route pour faire le premier pas ; cela submergerait votre conscience supérieure de tout connaître des différentes possibilités qui s'offrent à vous. L'immensité de l'esprit est trop grande pour que quiconque puisse l'appréhender, mais votre âme sait quoi vous révéler à chaque étape de votre voyage.

Au tarot, l'Impératrice représente l'avancement sans expérience et la foi que l'intuition vous guidera sur le droit chemin. Ici, le message est similaire. L'Impératrice a tellement confiance en son intuition qu'elle ne remet pas en question le chemin devant elle, même si elle ne voit pas où il mène. D'autres ont foi en elle et la suivent pour sa bravoure et son assurance. Même si cela vous semble dépourvu de sens, ayez confiance : dans cette vie vers laquelle on vous conduit, récompenses et épanouissement vous attendent. Embrassez les désirs qui vous viennent. Vos rêves, vos centres d'intérêt et les choses qui vous tiennent à cœur sont autant d'indices qui vous guideront vers votre vocation.

CARTE COMPAGNE

LA CONNAISSANCE : Prenez les devants dans cette situation et faites-vous confiance : vous êtes la personne idéale pour résoudre cette situation de manière positive, en satisfaisant toutes les parties concernées.

15. LES VŒUX SACRÉS

MOTS-CLÉS

Engagement ; dévotion ; système de croyance ; prière

LAME COMPAGNE

La Justice

Les mystiques et les sorcières sont régis par des lois supérieures. Ils servent de canaux à l'esprit à travers lesquels l'amour, la guérison, l'abondance, la souveraineté et la compassion pour l'humanité s'expriment. Ce sont ces croyances qui guident la sorcière tout au long de sa vie pour lesquelles elle s'engage à honorer la tâche qui lui a été confiée.

Cette carte représente les croyances motrices derrière vos choix. Quel est votre code moral ? Qu'est-ce qui vous maintient en harmonie avec la nature de votre âme et vous alerte lorsque vous déviez de votre chemin ? Qu'est-ce qui vous passionne ? À quoi vous dévouez-vous ? Qu'est-ce qui vous motive, vous anime et vous inspire ? Les vœux sacrés vous incitent à vous dévouer à ce qui vous procure joie et plaisir, à faire plus de choses qui vous enthousiasment, à embrasser à la fois les plaisirs simples et complexes de la vie, et à considérer comme sacrées les choses qui vous émerveillent.

Si cette carte tombe du paquet et atterrit en position renversée, c'est une invitation à passer plus de temps à prier, à vous connecter au pouvoir supérieur, celui qui vous guide dans votre cheminement.

CARTES COMPAGNES

ENSORCELÉ : Vous pensez peut-être à sacrifier vos croyances pour des préoccupations matérielles ou vous manquez d'intégrité dans votre carrière ou votre entreprise.

LES ÉLÉMENTS : Vous vous sentez perdu ou incertain quant à vos croyances ? À quelle occasion votre sens moral s'est-il déclenché pour la dernière fois ? Repensez à ce moment et renouez avec ces convictions.

À VOS RISQUES ET PÉRILS : Prenez un moment pour réfléchir si votre chemin vous oblige à sacrifier vos croyances ou quelque chose qui vous est cher. Cela en vaut-il la peine ?

LES FANTÔMES DU PASSÉ : Une personne de votre passé pourrait vous demander d'être ou de faire quelque chose en contradiction avec vous-même. Sinon, quelqu'un de votre passé pourrait faire ressurgir de mauvaises choses en vous.

LES VŒUX SACRÉS

Si vous vous y sentez guidé, répétez ces vœux à voix haute pour vous reconnecter à votre être spirituel profond et à votre souveraineté.

SÉRÉNITÉ

Je fais le vœu de chercher un état de calme et de paix. Je sais que peu importe mes circonstances, j'ai l'aide de l'univers et tout se passera bien.

NOBLESSE

Je fais le vœu de rester honnête et de me conduire avec intégrité. Même si personne ne regarde, je resterai fidèle à mes valeurs et choisirai le droit chemin.

DÉLIVRANCE

Je fais le vœu de me libérer des expériences et des gens qui ont assujetti mon âme aux basses vibrations, au chaos et à l'autodestruction. Je m'autorise à guérir et à avancer.

SENSUALITÉ

Je fais le vœu de me connecter à Mère Nature et au cosmos par-delà lequel repose l'épanouissement de mes sens. Pour le plaisir de mon esprit, je m'abandonnerai au parfum, au toucher, à la vue, au son et au goût.

TENDRESSE

Je fais le vœu de faire preuve de bienveillance à mon égard. Je me montrerai extrêmement attentif et prendrai soin de moi.

REFUGE

Je fais le vœu de me protéger de tout ce qui est problématique ou nocif à mon bien-être et à ma tranquillité d'esprit. Je ne chercherai que des expériences qui contribueront à mon extase.

EXPANSION

Je fais le vœu de chercher l'épanouissement et l'éveil spirituel. Je sais que le changement est la seule constante de la vie, et je m'efforcerai toujours d'être la meilleure version de moi-même.

ADORATION

Je fais le vœu de ressentir un profond amour et respect à mon égard. Je me rendrai grâce pour l'être sacré que je suis, et ne rechercherai que des personnes et des expériences qui peuvent voir la gloire de mon moi véritable.

ALIGNEMENT

Je fais le vœu de rechercher un état vibratoire harmonieux. Je solliciterai mon âme avant de prendre une quelconque décision, car je sais que mon moi supérieur me guidera toujours vers ce qui est bon.

RÉSILIENCE

Je fais le vœu de ne pas oublier ma force. Je sais que je peux m'en sortir et me remettre de toutes les épreuves auxquelles je suis confronté. Je suis fort et je ne peux être vaincu.

16. LES REGARDS INDISCRETS

MOTS-CLÉS

Quelqu'un vous observe ; compétition ; attitude défensive

LAME COMPAGNE

Le Sept de Bâtons

Quelqu'un vous épie et ses intentions, qu'elles soient bonnes ou mauvaises, ne sont pas encore claires. Ce qui est certain, c'est que vous faites quelque chose de bien : les autres vous remarquent et vous ne pourrez pas passer inaperçu encore très longtemps. Cela signifie également que des opportunités se présenteront plus fréquemment et que vous pourriez vous retrouver à contempler des perspectives que vous n'aviez encore jamais envisagées. C'est une excellente carte pour quiconque souhaite se placer sur le devant de la scène, recherche un emploi ou un nouvel amour : vous avez attiré l'attention de quelqu'un qui compte.

Toutefois, briller attire l'attention, bonne et mauvaise. Faites attention à la jalousie et aux rivalités. Toutes les personnes qui ont réussi ont dû composer avec des imitateurs, peu importe la portée de vos vibrations ou la petitesse de votre scène. Les ombres sont attirées par la lumière, tout comme un papillon de nuit est attiré par une flamme. Vous pourriez vous retrouver en concurrence ou même subir une attaque frontale. N'atténuez pas votre lumière, mais prenez des mesures concrètes pour vous protéger.

CARTES COMPAGNES

LE CHASSEUR DE SORCIÈRE OU **À VOS RISQUES ET PÉRILS** : C'est la confirmation que la personne qui vous observe vous veut du mal. La première personne à qui vous pensez est probablement coupable.

LE FAMILIER : Vous avez un admirateur. La personne qui vous observe a la plus douce des attentions.

LES FANTÔMES DU PASSÉ : Quelqu'un de votre passé vous recherche.

L'HEURE DES SORCIÈRES : La personne qui vous observe pourrait vous offrir de belles opportunités. Soyez attentif et préparé.

L'IMPÉRATRICE : Quelqu'un vous observe et attend de vous guidance et conseil. Endossez le rôle de mentor. Vous avez beaucoup plus d'influence que vous ne le croyez.

17. COVEN

MOTS-CLÉS

La famille de cœur ; acceptation ; se jeter à l'eau ; la famille que vous choisissez

LAME COMPAGNE

Le Trois de Deniers

Un coven représente la famille que vous vous êtes choisie, celle qui vous apporte son soutien bien au-delà de tout rituel ou sort. C'est une connexion qui est plus précieuse que l'amitié, un cercle partageant en son âme une même mission, que chacun exprime de manière unique. Ce lien d'harmonie parfaite qui unit cette famille de cœur tend au divin, au point que seul l'univers pourrait avoir orchestré la réunion de ces personnes pour vous.

Cette communauté d'esprit particulière n'est possible que pour ceux ayant entrepris le travail, magnifique et complexe, de découvrir et d'accepter leur véritable moi. Vous vivez de manière tellement authentique que vous irradiez la vérité de tout votre être, et cette authenticité envoie un signal au bon groupe de personnes.

Il existe un Coven pour vous et il se prépare à venir à vous une fois que vous aurez accepté qui vous êtes. Vous reconnaîtrez ces personnes lorsque vous vous autoriserez à être vu sans jugement. Bien sûr, cela signifie parfois que vous devrez partager des parties de vous-même que d'autres pourraient rejeter. Même si cela s'avère douloureux au départ, réjouissez-vous de savoir que ces personnes ne sont pas faites pour vous et que vous n'êtes pas fait pour elles. Vous pouvez continuer d'avancer en sachant qu'elles n'auront aucune place dans la famille que vous réunissez.

Recevoir cette carte est le signe que de nouvelles personnes sont sur le point d'entrer dans votre vie. Pour ce qui est des relations, cela peut signifier que quelqu'un qui vous attire a le potentiel d'être une âme sœur ou que vous pourriez bientôt accueillir un bout de chou. En ce qui concerne vos finances ou votre carrière, vous pourriez rencontrer un mentor ou quelqu'un qui pourrait vous aider à progresser plus rapidement que prévu.

CARTES COMPAGNES

LE FAMILIER : C'est la confirmation que la personne sur laquelle vous avez posé votre question, ou quelqu'un que vous rencontrerez bientôt, va probablement rester dans votre vie pendant très longtemps. C'est un signe très positif pour un nouvel amour.

L'ÊTRE PROFOND : C'est un très bon signe pour des relations heureuses et pour fonder une famille.

LA DANSE : Vous trouverez de nouvelles relations au travers d'intérêts communs. Réfléchissez à rejoindre un groupe en fonction d'une activité ou d'un passe-temps que vous appréciez.

18. FORMER LE CERCLE

MOTS-CLÉS

Élevez vos vibrations ; l'espace sacré ; faites un effort supplémentaire

LAME COMPAGNE

Le Sept de Deniers

Former le cercle et une étape nécessaire dans un sortilège. Cette pratique permet à la sorcière de défendre sa magie, de la protéger des influences extérieures qui voudraient la voir échouer. Mais le cercle sert aussi à amplifier le pouvoir de la sorcière. Il agit comme une batterie, vous donnant l'énergie nécessaire pour des résultats concrets. Former un cercle est une étape qui ne doit pas être mise de côté.

Cette carte vous montre la bonne manière de procéder, d'éviter de prendre des raccourcis et de suivre l'ordre établi des choses. Vous pourriez être anxieux et chercher des moyens pour avancer plus vite et éviter toute pénibilité, ou pour raccourcir le temps dont vous avez besoin afin de réussir. Mais en faisant ceci, vous ne ferez que vous nuire. En bref, c'est faire « d'une pierre deux coups » avec cette carte, qui vous assure que vous avez tout ce dont vous avez besoin avant même de commencer.

Vous aurez peut-être besoin de ressources ou de compétences supplémentaires, ou devrez réfléchir à poursuivre votre apprentissage. Prendre ces mesures additionnelles vous permettra de vous assurer que vous êtes correctement préparé aux objectifs que vous vous êtes fixés. Si votre tirage concerne des relations, recevoir cette carte est le signe que vous ne devez pas brusquer l'autre personne pour le moment. Patience, compassion et compréhension vous seront grandement bénéfiques sur le long terme.

CARTES COMPAGNES

LES ÉLÉMENTS : Recommencez. Vous avez omis des étapes cruciales ou négligé des compétences pourtant indispensables avant de mettre en œuvre vos plans.

LE CHASSEUR DE SORCIÈRE OU **ENSORCELÉ :** Brûler les étapes ou prendre des raccourcis ne vous mènera qu'à des situations périlleuses et défavorables. Il n'y a pas de chemin plus rapide pour accéder à ce que vous désirez pour le moment.

LES FANTÔMES DU PASSÉ : Une deuxième chance de recommencer de la bonne manière.

19. LES FLAMMES

MOTS-CLÉS

Évolution ; un nouveau vous émerge ; libérez-vous du passé

LAME COMPAGNE

La Tour

Cette carte représente des changements spectaculaires. Le genre de changement qui est significatif, irrépressible et parfois désagréable. Ce n'est jamais une bonne idée de couper les ponts, mais votre situation pourrait bien avoir passé le point de non-retour. Il est maintenant plus important de limiter les dégâts et de penser à reconstruire plutôt que d'essayer de sauver les meubles. Votre situation n'est pas aussi inquiétante qu'elle le semble si vous êtes prêt à passer à autre chose. Le changement peut être gratifiant si vous vous autorisez à prendre les choses comme elles viennent plutôt que de vous accrocher à ce qui n'existe plus.

Si vous choisissez de maintenir votre situation actuelle, sachez qu'il pourrait y avoir de graves conséquences. Cette carte est une sérieuse mise en garde contre l'autodestruction et les décisions que vous savez être risquées, tant pour vous que pour les autres. C'est votre chance de faire machine arrière et de permettre à une nouvelle version de vous d'émerger. Si votre tirage concerne l'amour ou les relations, prenez en considération la façon dont vos actions pourraient envenimer les choses, ou la manière dont votre comportement pourrait vous jouer des tours. Si votre question concerne l'argent, il s'agit d'un avertissement à surveiller de près votre situation financière. Si votre tirage se rapporte à votre carrière, cela pourrait signifier un remaniement soudain au travail.

CARTE COMPAGNE

AUCUNE : Cette carte implique un changement spectaculaire, peu importe l'ordre dans laquelle elle apparaît. Observez les autres cartes pour déterminer quels aspects de votre vie sont affectés par elle.

20. LA DANSE

MOTS-CLÉS

Liberté ; libération ; expression de soi ; extase ou euphorie

LAME COMPAGNE

Le Valet de Bâtons

La danse est l'une des formes d'expression les plus naturelles qui soit, et les humains ont entremêlé chansons et danses en rituels et célébrations pendant des milliers d'années. La musique et la danse connectent les gens de tous horizons. Deux personnes de milieux opposés peuvent partager une résonance à travers les paroles ou la mélodie d'une chanson. Par ailleurs, la danse pave la voie vers la liberté et l'expression de vos rythmes naturels. La perfection n'existe pas en danse. Seulement l'euphorie, la joie et la libération sacrée.

Cette carte a dansé jusqu'à votre tirage pour vous aider à trouver la félicité au travers de l'expression de soi, le courage et la volonté de s'affranchir du besoin « d'être parfait » ou « sophistiqué ». S'affirmer n'implique pas une quête de perfection, mais plutôt de donner à votre âme suffisamment d'espace pour raconter sa propre histoire. Votre pouvoir et votre confiance résident dans votre unicité. Vos différences portent les rythmes de votre but et de votre contribution au monde Soyez reconnaissant de faire les choses différemment : on vous présente l'opportunité de vous démarquer. Célébrez les moments où on vous décrit comme bizarre, unique, excentrique ou étrange. Ces qualités vous libèrent des étiquettes telles qu'ennuyeux, complaisant et insipide.

Si vous vous sentez appelé à peindre, alors faites-le. Si vous sentez que vous devez bouger, alors laissez aller votre corps. Chaque action créative d'expression de soi crée de l'espace dans lequel vous pouvez devenir la personne que vous avez toujours été destiné à être.

CARTES COMPAGNES

LE PAPILLON DE MINUIT : C'est un message d'authenticité. Soyez vous-même. Arrêtez de vous inquieter de ce que font ou disent les autres. Embrassez votre unicité.

EN HAUT COMME EN BAS : Profitez des idées qui vous viennent en ce moment, particulièrement celles qui vous semblent absurdes ou improbables. Elles se réaliseront très certainement.

NOURRIR LES CORBEAUX : Une situation ou une relation compliquée vous mènera à la libération et à une meilleure compréhension de ce qui vous rend unique.

LA PISTE DU SANG : Examinez votre héritage et vos pratiques culturelles pour cultiver authenticité et unicité.

COVEN : Vous formerez de nouvelles relations au travers d'intérêts communs.

21. L'ONGUENT DES SORCIÈRES

MOTS-CLÉS

Lâchez prise ; amusez-vous ; partez à l'aventure

LAME COMPAGNE

Le Trois de Coupes

L'image de la sorcière volant nue sur un balai à la pleine lune, les mains en l'air, pourrait sembler clichée. Elle renferme pourtant un brin de vérité, qui trouve ses racines dans l'amusement et le désir de partir pour une folle aventure. L'onguent devait être frotté sur les manches des balais, puis les sorcières se rassemblaient nues dans les champs pour les chevaucher. Les substances actives font plus vite effet si elles sont assimilées par les muqueuses génitales, permettant ainsi de « planer » plus rapidement. Au fil du temps, ces histoires de sorcières sur un balai ont commencé à faire surface, ce qui a fini par mener aux stéréotypes des sorcières capables de voler.

C'était surtout pour passer un bon moment, faire la fête. Cette carte parle donc de s'amuser et de faire quelque chose de drôle ou d'étrange. Partir à l'aventure est en quelque sorte une métaphore pour « planer », ou au moins faire des activités qui offrent une sensation similaire comme le saut en parachute ou le rafting. Mais cela n'a pas besoin d'être aussi spectaculaire, ni d'impliquer des drogues. Tout peut-être une aventure avec la bonne compagnie et ouverture d'esprit.

Vous avez tiré cette carte parce que vous avez besoin de vous amuser. Il se peut que vous preniez la vie un peu trop au sérieux et que vous en êtes venu à perdre de vue votre innocence et votre émerveillement d'enfant. Parfois, l'esprit gardera des informations pour lui jusqu'à ce que vous ayez appris à lâcher prise et à laisser la vie se dérouler. L'univers ne veut pas que vous luttiez ou souffriez, il veut que vous soyez libre, joyeux et que vous profitiez de tout ce que la vie a à offrir.

Si votre tirage concerne l'amour, inclure davantage de moments de jeux dans votre relation pourrait aider à améliorer les choses. De la même façon, passer plus de temps à faire des activités ludiques pourrait vous donner plus de chance de rencontrer quelqu'un. Si vous vous questionnez sur l'argent, cette carte vous encourage à dépenser un peu. Si votre tirage concerne le lancement d'un nouveau projet, cette carte est la confirmation que vous devez vous lancer et embrasser l'aventure qui vous attend !

CARTES COMPAGNES

LA SORCIÈRES DES BOIS : C'est une indication de voyage. Considérez un voyage ou un déménagement.

LES FANTÔMES DU PASSÉ : Quelqu'un ou quelque chose de votre passé rafraîchira votre esprit. Cela pourrait ne pas durer éternellement, mais ce sera palpitant – tant que vous ne prenez pas les choses trop au sérieux.

22. LE GRIMOIRE

MOTS-CLÉS

Apprentissage ; cherchez conseils ; développez davantage vos compétences

LAME COMPAGNE

Le Huit de Deniers

Il suffit de demander à n'importe quelle sorcière et elle vous dira qu'elle aussi possède un grimoire sacré. C'est la boussole qui guide le savoir-faire des sorcières, et le journal dans lequel elles consignent leur travail. Certains grimoires passent de génération en génération et sont transmis d'un guérisseur à l'autre. Vous pourriez tomber sur un livre abîmé dans une vieille librairie, ou vous sentir pousser à acheter un guide de ressources de votre auteur préféré.

Aux prémices de votre voyage magique, rechercher l'aide de ceux qui ont déjà traversé les épreuves que vous devrez affronter peut vous épargner beaucoup de temps et d'efforts. Avant même que vous ne vous en rendiez compte, l'élève deviendra le maître et un jour, vous aussi, vous transmettrez vos enseignements à un autre.

Cette carte viendra à vous lorsque vous serez impatient de passer à l'action, mais que vous aurez besoin de mener plus de recherches ou peut-être de perfectionner vos compétences au préalable. Il vous manque encore des outils, connaissances ou ressources et vous devriez réfléchir à chercher de l'aide et des conseils. Ce pourrait être le bon moment de penser à s'inscrire dans un cours ou un atelier pour découvrir des moyens d'atteindre vos objectifs. Si vous vous y connaissez déjà, tirer cette carte vous indique qu'il faut chercher d'autres façons de maîtriser votre spécialité. Il est peut-être temps de suivre une formation, de vous entraîner davantage pour affiner vos talents, ou de commencer à mettre en place des systèmes et structures qui vous permettront de passer au niveau supérieur.

CARTES COMPAGNES

LES ESPRITS OU LA SORCIÈRE SOLITAIRE : Plus de compétences sont requises avant de proposer vos services aux autres.

ENSORCELÉ : Prenez garde aux combines de l'argent facile. Ce n'est pas le moment de démarrer une nouvelle affaire, de changer de travail ou de faire des changements risqués qui touchent à vos finances.

FORMER LE CERCLE : Indique de prendre des raccourcis. Prenez des mesures supplémentaires pour protéger votre travail avant de continuer à avancer. Faites preuve de patience.

23. LES ESPRITS

MOTS-CLÉS

Respectez vos guides ; écouter ; mener une vie guidée par la spiritualité

LAME COMPAGNE

Le Jugement

Les esprits, vos ancêtres, les guides spirituels, les animaux-guides, les êtres stellaires et votre groupe d'aide spirituelle accomplissent tant en votre nom que votre esprit peine à le concevoir. Cette incroyable communauté de soutien élimine les obstacles, dont vous ignoriez tout, de votre chemin. Elle place des personnes prêtes à vous tendre la main avant même que vous compreniez que vous en avez besoin. Elle vous envoie des signes pour vous avertir ou vous encourager à sauter le pas. Elle se tient toujours à votre disposition, n'importe quand. Et pour tout ce qu'elle fait, elle mérite le plus grand amour et respect.

Les esprits ont besoin d'être respectés de la même façon que le seraient vos aînés. Vous n'iriez pas chez votre grand-mère juste parce que vous avez besoin d'argent, en l'ignorant le reste du temps. La même chose s'applique à votre équipe cosmique. Cette carte symbolise le respect dû aux esprits et une vie guidée par la spiritualité. Référez-vous à votre conscience supérieure avant de prendre des décisions, écoutez les conseils prodigués, agissez selon ces conseils lorsqu'ils vous sont donnés et faites appel aux esprits tous les jours, et pas seulement en cas d'urgence. Les esprits sont détenteurs de perspectives que vous ne pouvez même pas envisager et de précieux conseils pouvant faire toute la différence dans votre vie.

Cette carte est une invitation à approfondir votre pratique spirituelle, à regarder en vous, à ignorer le brouhaha du quotidien et à accepter l'aide que l'on vous propose. Plus vous écouterez, plus vous entendrez. Plus vous nourrirez ces relations, plus il sera facile pour elles d'être présentes pour vous. De plus, cette carte vous conseille d'utiliser votre cœur, et non votre logique, pour prendre des décisions.

CARTE COMPAGNE

LES VŒUX SACRÉS : Une nécessité de réévaluer vos croyances spirituelles.

24. LES FANTÔMES DU PASSÉ

MOTS-CLÉS

Réunion ; tâche inachevée ; visiteur imprévu

LAME COMPAGNE

Le Six de Coupes

Un fantôme n'a pas toujours à être effrayant ou triste. Cela peut être un bonheur de retrouver quelque chose ou quelqu'un de votre passé, même si la manière dont votre relation s'est terminée était terrible ou regrettable. Vous pourriez tomber sur un ancien ami et vous rendre compte que votre dispute était immature et que vous êtes tous deux prêts à faire table rase du passé. Ou peut-être que vous avez ramassé un vieux carnet et que vous vous êtes souvenu d'objectifs complètement oubliés, mais que vous aimeriez beaucoup remettre à l'ordre du jour. Ou encore qu'un amour longtemps perdu est revenu dans votre vie. Peut-être que les circonstances n'étaient pas bonnes alors, mais que vous êtes désormais prêt à donner une seconde chance à cet amour.

Cette carte se manifeste dans un tirage lorsque quelque chose de votre passé n'a pas été résolu, mais que vous êtes heureux de le voir réapparaître dans votre vie.

Si votre lecture se rapporte à une personne en particulier ou à l'amour, cela peut signifier qu'il faut renouer avec la personne sur laquelle vous avez posé votre question, sans pour autant spécifier si cette relation va marcher ou non. Cette carte peut aussi indiquer qu'il faille revisiter d'anciens projets, idées, ambitions ou même de retourner à un précédent poste. Soyez attentif lorsque vous parcourez votre passé. Souvent, des choses vous reviendront afin que vous les terminiez ou tourniez la page. Prêtez attention à ce qui va perdurer et ce qui n'est que temporaire, et soyez prêt à lâcher prise lorsque le temps sera venu à vos fantômes de se dissiper.

CARTES COMPAGNES

À VOS RISQUES ET PÉRILS : Il vous faut d'abord plus d'informations sur cette personne. Soyez prudent jusqu'à ce que ses intentions deviennent claires.

L'HEURE DES SORCIÈRES OU **EN HAUT COMME EN BAS** : Renouer avec quelqu'un de votre passé ou revisiter d'anciens projets vous conduira à la réussite. Des portes s'ouvriront suite à cette reconnexion.

L'ÊTRE PROFOND : Une reconnexion sera sans doute permanente et mènera au bonheur.

LE PAPILLON DE MINUIT : Faites attention à ne pas vous perdre dans cette situation.

LE CHASSEUR DE SORCIÈRE : Cette personne n'a pas de bonnes intentions ou cette situation ne se terminera pas en votre faveur.

25. STAGNATION

MOTS-CLÉS

Immobilisme ; toucher le fond ; se salir les mains ; nouvelles stratégies

LAME COMPAGNE

La Force

Chaque personne, même si sa vie est globalement heureuse, peut un jour, et à sa manière, toucher le fond : cet endroit indésirable où tout espoir semble perdu et dont l'issue est incertaine. Cela ressemble à des sables mouvants ou à de la boue extrêmement épaisse. C'est sale, froid et il semble que personne ne puisse remédier à la situation.

C'est peut-être la carte la plus triste de cet oracle. Celle-ci apparaît dans votre tirage lorsque vous vivez pareille expérience et avez besoin d'un S.O.S. Elle vous rappelle que même si vos circonstances semblent désespérées et que vous êtes blessé, vous pouvez toujours vous sortir de la boue. Pour ce faire, faites appel à votre force intérieure plutôt qu'à un chevalier à l'armure rutilante. On vous conseille de faire le « sale travail » vous-même et d'être disposé à faire les tâches ingrates. Elle peut aussi vous inviter à faire le dur travail que vous remettez à plus tard, comme faire de l'exercice si votre objectif est de perdre du poids, mettre de côté au lieu de dépenser sans compter si vous voulez rembourser vos dettes et être à l'abri financièrement parlant, vous inscrire sur une application de rencontre si vous cherchez l'amour, ou vous excuser lorsque vous savez que vous avez eu tort.

Il est temps de mettre fin à ce qui vous a conduit dans cette situation et d'essayer une nouvelle stratégie. Il ne suffit que d'une seule chose à laquelle s'accrocher lorsque vous traversez une mauvaise passe. Lorsque tout semble désespéré, cherchez quelque chose de solide qui puisse vous retenir et vous maintenir à flot. Concentrez-vous sur une étape à la fois de votre sauvetage avant de passer à la suivante.

CARTES COMPAGNES

L'IMPÉRATRICE : La première étape pour changer votre vie est de savoir que vous en avez la possibilité. Croyez en vous et en votre capacité à savoir quoi faire pour renverser la situation.

LES SAISONS DE LA SORCIÈRE : Cette situation touche à sa fin. Gardez espoir.

LES FLAMMES : L'esprit fera d'importants changements en votre nom si vous n'agissez pas rapidement, pendant que vous contrôlez encore un peu votre situation. Le changement pourrait s'avérer pesant.

ENSORCELÉ : Prenez vos précautions avec l'argent et économisez si possible. Cette carte peut indiquer des pertes financières (dettes, faillites dans des cas extrêmes).

26. LE BOUILLON DE LA SORCIÈRE

MOTS-CLÉS

Cherchez des solutions alternatives ; il y a un remède pour tout problème

LAMES COMPAGNES

Le Fou ; La Mort

Il n'est pas rare qu'une personne se tourne vers les médecines parallèles si les méthodes traditionnelles ont échoué. Elle peut s'orienter vers la phytothérapie, les soins ancestraux, ou encore la sorcellerie si elle a besoin d'une réponse ou d'une solution à un problème chronique. Cette carte représente ce moment où il serait peut-être temps de se tourner vers des méthodes non conventionnelles ou de sortir de sa zone de confort.

Ce que vous avez – ou ce que vous faites – ne fonctionne pas, il est donc temps d'élargir votre compréhension de ce qui est juste, bon ou précieux. Si votre tirage concerne l'amour, vous devriez réfléchir à fréquenter quelqu'un qui n'est pas votre type habituel. Si vous vous posez des questions sur votre carrière ou votre entreprise, il serait alors peut-être temps d'essayer d'apprendre des compétences qui ne vous semblaient pas nécessaires jusque-là. Si votre question est d'ordre spirituel ou concerne votre but dans la vie, tournez-vous vers les choses qui vous font le plus peur. Cette peur est-elle enracinée dans un véritable sentiment de prudence ou bien craignez-vous juste de sortir de votre zone de confort ?

Par ailleurs, cette carte vous confirme qu'il existe une solution à votre problème, même si vous ne pouvez pas la voir dans l'immédiat. Réfléchissez à demander conseil à une personne à qui vous n'auriez normalement pas pensé. Il se pourrait qu'elle ait un point de vue intéressant qui pourrait être exactement ce dont vous avez besoin.

CARTES COMPAGNES

L'ONGUENT DES SORCIÈRES : Réfléchissez à passer au niveau supérieur dans une de vos passions ou compétences. Sinon, participer à des activités amusantes qui occuperaient votre esprit pourrait vous mener incidemment à l'inspiration.

À VOS RISQUES ET PÉRILS : Faites attention à ne pas commencer de nouvelles choses alors que vous vous sentez déjà submergé. Cette carte pourrait indiquer que vous fuyez, au lieu de trouver des solutions à vos problèmes.

LA CONNAISSANCE : Écoutez les passions qui résident en votre cœur. Généralement, ce que vous faites durant votre temps libre est une indication de votre but, ou bien un indice qui vous conduira à la conscience de soi.

LES FANTÔMES DU PASSÉ : Votre solution pourrait résider dans votre passé. Revisitez les vieilles méthodes ou idées qui vous paraissaient alors absurdes ou inappropriées.

27. LES HERBES MAGIQUES

MOTS-CLÉS

Guérison ; bien-être ; épanouissement

LAME COMPAGNE

Le Dix de Bâtons

Les herbes offrent toute une variété de propriétés thérapeutiques pour de nombreuses problématiques, allant du sommeil au regain d'énergie, de la détox à l'hydratation et du rhume des foins aux douleurs articulaires. Les herboristes ont utilisé le pouvoir des plantes pour faciliter la guérison depuis la nuit des temps, et la phytothérapie a pavé la voie à la médecine moderne telle que nous la connaissons aujourd'hui. On les considère peut-être aujourd'hui comme des méthodes ancestrales, mais de nombreuses personnes à travers le monde bénéficient de ces traitements thérapeutiques sur le long terme. La clé de l'utilisation des herbes est l'entretien préventif, en plus d'aider le corps à maintenir un état de bien-être, plutôt que d'attendre et d'être contraint.

Cette carte vous enjoint de trouver un rythme viable pour votre bien-être sur le long terme. Elle apparaîtra souvent dans un tirage lorsque vous êtes débordé et que les effets négatifs se font sentir. Nos corps sont incroyables, mais ils ont aussi besoin de repos pour continuer à fonctionner. Dormir suffisamment, consommer des aliments nutritifs et découvrir des façons de gérer le stress est vital pour nous tous. Cela aiguisera votre esprit, vous donnera plus d'énergie et vous préparera au mieux à gérer les défis lorsqu'ils se présenteront.

Cette carte signifie aussi que vous n'êtes pas prêt à accueillir plus de choses dans votre vie et qu'il vous faut apprendre à subvenir davantage à vos besoins avant que l'esprit vous présente de nouvelles opportunités.

CARTES COMPAGNES

LES FLAMMES : C'est un sérieux avertissement à ralentir ! Tout pourrait venir à s'effondrer si vous ne faites pas le nécessaire pour réduire votre charge.

LA SORCIÈRE DE LA FORÊT : Partez en vacances ou prenez du repos, surtout dans la nature. Cette carte sert également de confirmation ou d'un résultat favorable si la question concernait les voyages ou un déménagement.

L'ONGUENT DE LA SORCIÈRE : Priorisez le plaisir. En ajouter à cet aspect de votre vie est l'idéal, mais assurez-vous de le réduire dans d'autres en contrepartie.

COVEN OU **L'ÊTRE PROFOND** : Vous ne trouverez pas les bonnes personnes à moins que vous ne vous priorisiez davantage. Ces cartes peuvent indiquer que vous évitez les relations et que vous vous focalisez trop sur votre carrière.

28. LES SAISONS DE LA SORCIÈRE

MOTS-CLÉS

Honorer les cycles ; ne plus tout contrôler ; embrasser la saison dans laquelle vous êtes ; répéter les cycles

LAME COMPAGNE

La Roue de la Fortune

La vie est faite de haut et de bas, de rebondissements. La terre se sert des saisons pour illustrer magnifiquement les cycles auxquels nous participons tous dans cette vie. Les saisons nous rappellent aussi que chaque chose comporte son lot d'obstacles, peu importe sa beauté ou la joie qu'elle nous procure. De la même façon, même la plus âpre des périodes apporte des enseignements, même s'ils sont subtils ou mineurs. Le printemps fait éclore les couleurs et la beauté, mais vient aussi avec ses jours venteux et orageux. L'été nous apporte pléthore de fruits et légumes frais, mais peut être chaud et souvent très sec ou humide. L'automne est plus frais et se pare de feuilles aux couleurs de pierres précieuses, pourtant ces feuilles tomberont. Et l'hiver apporte ses journées douillettes, mais le temps hivernal peut se révéler difficile, voire dangereux.

Tout le monde fait face à des obstacles et même la personne la plus connectée au cosmos est confrontée à des épreuves. Cette carte vous pousse à apprendre à embrasser le cycle dans lequel vous vous trouvez. Vous êtes ici pour une raison. Demandez-vous : « Que dois-je faire pour me débarrasser de ce qui nuit à ma vie ? Sur quels éléments positifs et à ma portée puis-je me concentrer à la place ? »

Si vous vous retrouvez toujours dans de mauvaises passes, cette carte est le signe évident que vous échouez à tirer des leçons. Vous continuerez à y rester aussi longtemps qu'il vous faudra pour comprendre et grandir. Continuer à sortir avec des personnes pessimistes, ne jamais oser vous faire entendre et laisser les autres piétiner vos limites, rencontrer la ruine financière juste après une période faste ou vous rendre compte que vos meilleures intentions sont toujours incomprises sont tous des signes de stagnation.

De même, si vos circonstances sont favorables en ce moment, réfléchissez aux choix qui vous ont amené jusqu'ici. Comment pouvez-vous renforcer ces domaines pour garantir d'autres cycles de bonheur à l'avenir ?

CARTES COMPAGNES

L'EAU DE LUNE : Faites encore plus attention à vous en ce moment. Reposez votre esprit avant une période d'action plus intense.

L'HEURE DES SORCIÈRES : Vous êtes entré ou allez entrer dans un cycle de croissance et d'abondance. C'est un signe positif pour de nouvelles actions.

29. LA BRANCHE CASSÉE

MOTS-CLÉS

Chagrin d'amour ; rompre ; se séparer des membres malades pour le bien commun

LAME COMPAGNE

Le Trois d'Épées

Lorsque vous prenez soin d'une plante, il est important de tailler toutes les parties qui sont en train de flétrir, sinon la plante continuera à y diriger ses nutriments dans l'espoir de les sauver. Il est nécessaire d'ôter les parties endommagées pour le bien de la plante, permettant ainsi aux parties saines et vigoureuses de continuer à recevoir suffisamment de ressources pour croître encore plus sainement.

Ce principe s'applique aussi aux gens. Lorsque vous investissez toute votre énergie dans quelque chose qui est mourant, vous redirigez de l'énergie qui pourrait servir à nourrir d'autres domaines plus forts. Lorsque vous vous focalisez sur une ancienne relation, vous ratez la chance de développer une relation solide et saine avec quelqu'un d'autre. Lorsque vous vous concentrez sur vos erreurs, vous en oubliez vos points forts et échouez à exploiter votre potentiel.

Il y a certaines choses ou personnes dans votre vie qui drainent votre énergie et dont il faut se séparer pour votre bien-être général. Plus vous investissez de temps et de ressources dans ces domaines brisés, plus vous risquez de souffrir. Cela peut se manifester par un manque d'argent ou de temps, par consacrer davantage de temps à travailler sur les projets de quelqu'un d'autre au détriment des vôtres, de se sentir vidé de tout bonheur ou énergie lorsque vous êtes avec quelqu'un de votre entourage, ou de ressentir un sentiment généralisé de peur et de désorientation.

CARTES COMPAGNES

LES FANTÔMES DU PASSÉ : Il est temps de laisser reposer le passé. Cette personne, émotion ou situation s'est représentée à vous pour que vous la résolviez et vous en libère.

ENSORCELÉ : Il peut s'agir d'une relation toxique reposant sur l'argent et non sur une véritable affinité ou l'amour.

LA SORCIÈRE SOLITAIRE : Peut indiquer le besoin d'être un martyr. Concentrez-vous sur votre guérison. Vous ne pouvez pas venir en aide à ceux qui ne veulent pas s'aider eux-mêmes.

30. LE SORT EST JETÉ

MOTS-CLÉS

Capituler ; laisser tomber ; laissez l'univers gérer

LAME COMPAGNE

L'Étoile

Il arrive un moment où vous avez fait tout ce que vous pouviez. Vous avez libéré votre espace, focalisé votre énergie, récité votre incantation et suivi toutes les étapes nécessaires pour transmettre votre intention à l'univers. Il est à présent temps de lâcher prise et de laisser l'univers exercer sa magie. CAPITULEZ. AYEZ CONFIANCE. LAISSEZ-VOUS ALLER.

Cette carte apparaît dans votre tirage lorsque vous devenez votre propre obstacle, que vous vous accrochez à vos attentes en essayant de forcer ou de manipuler, en cherchant obsessivement des réponses ou en souhaitant contrôler votre situation. Vous n'avez pas besoin de vous concentrer sur un objectif 24h/24 pour qu'il se réalise. Vous n'avez pas besoin de répéter une affirmation 200 fois par jour pour que votre intention soit entendue. Vous n'avez pas besoin de fabriquer sans cesse des tableaux de visualisation ou d'acheter tous les outils spirituels du marché, pour accroître votre magie.

L'univers n'a pas besoin que vous fassiez quoi que ce soit, hormis de vous en remettre à l'intelligence infinie de l'esprit et d'être prêt à sauter le pas lorsque votre but se présentera à vous.

Vous êtes appelé à trouver plus de paix et de calme dans votre vie, à avoir foi que tout ira pour le mieux. L'univers ne peut vous surprendre avec quelque chose de mieux que ce que vous imaginez si vous vous accrochez trop fort à l'idée de ce que cette chose devrait être. Ce que vous avez demandé se révélera en temps voulu. Cette carte est aussi un message de l'esprit vous demandant de ne plus vous questionner sur cette situation avant tout un cycle lunaire.

CARTES COMPAGNES

LES ESPRITS : Les esprits ont entendu vos prières et vos intentions. Des choses se préparent en coulisses.

BAIGNADE DANS LA RIVIÈRE : Oui, un abus de rituel ou de sorts est possible ! Amusez-vous plus et faites des choses qui n'ont rien à voir avec le fait de concentrer votre intention ou d'atteindre vos objectifs.

ENSORCELÉ : Vous êtes votre propre ennemi dans cette situation. Réfléchissez à la manière dont vous pourriez saboter vos propres manifestations.

31. LES INVOCATIONS

MOTS-CLÉS

Le pouvoir des mots ; la gentillesse compte ; critique

LAME COMPAGNE

Le Valet d'Épées

Les invocations et chansons sont utilisées depuis des siècles dans la mise en œuvre de sorts et rituels. Nos ancêtres connaissaient le pouvoir des mots et savaient s'en servir pour obtenir de beaux résultats. Les chants invoquent la légèreté, adoucissent une journée de dur labeur, restaurent la foi en période de tristesse et lient des communautés entières. Mais les mots peuvent aussi être utilisés à mauvais escient. Ils peuvent maudire, enchaîner et envoyer de l'énergie négative aux autres.

Vos pensées et mots possèdent une vibration comme tout ce qui compose l'univers. Ce que vous faites et pensez importe, pour les autres comme pour vous. Le pouvoir derrière vos mots peut faire se manifester de manière incroyable l'abondance, l'amour, la joie et une belle perspective. L'autocritique, en revanche, est blessante et peut vous enchaîner à ces histoires et idées qui limiteront votre développement et pourront même entraîner un revers de fortune dans certains cas extrêmes.

Ce que vous dites aux autres peut être blessant pour vous comme pour eux. Repensez aux moments où vous avez choisi la méchanceté à la bienveillance, ou la colère au calme. Croyez-vous que cela ait blessé l'autre personne ? Cela vous a-t-il soulagé de dire ces choses ?

Cette carte vous aide à prendre conscience des mots que vous envoyez à l'univers, que ce soit par la parole ou la pensée. Vous n'avez pas besoin de contrôler vos pensées ou de vous critiquer lorsque vos mots ne sont pas bienveillants, vous pouvez en revanche vous en rendre compte et opter pour quelque chose de positif à la place. Cela prendra du temps, mais avec de l'entraînement, vous apprendrez à choisir une communication empreinte d'amour, et toute votre vibration ainsi que votre situation changeront.

CARTES COMPAGNES

L'IMPÉRATRICE : Votre chemin comportera sûrement des prises de paroles publiques ou de la communication.

LE SEL : Son message est amplifié. Faites-vous entendre et communiquez davantage sur vos besoins.

32. L'EAU DE LUNE

MOTS-CLÉS

Recommencer ; clarifier ; réinitialiser ; réflexion

LAME COMPAGNE

Le Quatre d'Épées

L'eau de Lune est fabriquée en plaçant un pot ou un pichet d'eau là où il pourra capter toute la nuit les rayons de la Lune et se charger de son énergie. Des cristaux ou des herbes peuvent être ajoutés à l'eau. Elle peut être utilisée en spray, ajoutée à un bain ou employée dans des rituels et sorts pour infuser vos formules de l'énergie de la Lune. La phase la plus populaire pour fabriquer de l'eau de Lune est la pleine lune, pour ses propriétés éclaircissantes et régénératrices. La pleine lune apporte clarté et illumination, et marque le début des phases décroissantes de la Lune pendant lesquelles vous êtes encouragé à méditer et à adopter une meilleure hygiène de vie.

Cette carte est apparue dans votre tirage pour vous encourager à prendre du temps pour vous ressourcer et peut-être envisager un nouveau départ une fois que votre âme se sera reposée. Vous entrez dans une période de pause et de récupération. Ce n'est pas le bon moment pour entamer quelque chose de nouveau. Prenez soin de vous à la place et préservez votre énergie. Vous en serez plus tard reconnaissant, lorsque vous entrerez dans un nouveau cycle d'action et de créativité qui ne vous permettra pas autant de repos. N'oubliez pas que chaque phase d'action a besoin d'une période complémentaire de quiétude. C'est dans la lenteur que vos besoins se révèlent et c'est là que vous pourrez y trouver la clarté nécessaire pour votre prochaine étape.

Le conseil le plus littéral de cette carte est d'entreprendre une purification physique avec l'élément de votre choix. La fumée, le feu, la terre et bien sûr, l'eau de Lune sont d'excellents moyens pour se débarrasser de l'énergie stagnante et ressourcer son esprit.

CARTES COMPAGNES

À VOS RISQUES ET PÉRILS : Un « non ! » Retentissant. Ce n'est pas quelque chose que vous devriez mettre en œuvre.

LES INVOCATIONS : Un changement de perspective est nécessaire.

BAIGNADE DANS LA RIVIÈRE : Le message de prendre soin de soi est amplifié.

33. L'ÉPINE EMPOISONNÉE

MOTS-CLÉS

Vibrations basses ; traumatisme non guéri ; auto-sabotage ; s'appesantir sur le passé

LAME COMPAGNE

Le Huit d'Épées

Lorsqu'un doigt se pique sur une épine empoisonnée, la première chose à faire est de retirer l'épine, d'ôter la source d'inconfort. La blessure ne peut guérir si l'épine reste en place, l'infection peut alors subvenir, puis se propager à d'autres endroits. Les traumatismes émotionnels ressemblent beaucoup aux épines incrustées qui ont suppuré. Ils continuent de faire mal, puis s'étendent et, avant même que vous ne vous en rendiez compte, votre être tout entier souffre.

Il est temps de vous libérer de votre souffrance, de vos traumatismes et de votre passif que vous continuez de traîner. À ce stade, vous accrocher au passé vous cause plus de peine que l'événement en lui-même, ce qui vous conduit à stagner et à vous autodétruire. Vous pourriez même voir votre douleur affecter les aspects positifs de votre vie. Une rupture difficile pourrait devenir la raison pour laquelle vous peinez à vous concentrer au travail, la perte soudaine de votre emploi pourrait mettre une relation solide à rude épreuve. Vous ne pouvez changer la douleur passée, mais vous pouvez faire de votre mieux pour commencer à recoller les morceaux.

Si vous choisissez de vous focaliser sur la douleur, vous la perpétuerez. En revanche, si vous vous libérez de la cause de la douleur et apprenez à discerner la lumière dans l'obscurité, vous vous donnez non seulement l'opportunité de guérir mais aussi de véritablement apprendre à quel point vous êtes fort et unique.

CARTES COMPAGNES

LES FANTÔMES DU PASSÉ : Renouer avec le passé vous brisera le cœur.

LES FLAMMES : De vieilles blessures vous conduisent à la dévastation. Allez chercher de l'aide si vous sentez que vous n'êtes pas capable de gérer vos émotions seul.

LA SORCIÈRE DES BOIS OU **LA SORCIÈRE SOLITAIRE :** Votre environnement, ou votre entourage, pourrait vous rappeler une période douloureuse et réouvrir d'anciennes blessures. Réfléchissez à vous en éloigner. Si ce n'est pas possible, trouvez du temps au quotidien pour méditer sur vous et guérir spirituellement.

L'ONGUENT DES SORCIÈRES : Vous pourriez passer trop de temps à vous distraire pour tenter d'éviter de vous soigner et de grandir. Prenez part à votre guérison.

34. LE CHASSEUR DE SORCIÈRES

MOTS-CLÉS

Danger ; trahison ; jalousie ; besoin de protection

LAME COMPAGNE

Le Cinq de Bâtons

Cette carte est de mauvais augure. La tirer implique que quelqu'un dans votre entourage vous veut du mal. Un collègue pourrait tenter de saboter votre travail ou un ami pourrait répandre des rumeurs malveillantes à votre sujet. Dans quelques rares cas, recevoir cette carte peut aussi être le signe que l'on vous a lancé un sort ou une malédiction, vous devriez donc prendre des mesures pour vous protéger.

Si vos soupçons se portent déjà sur quelqu'un, cette carte vient confirmer que vous avez raison d'être prudent. Prêtez attention à ce que vous faites et dites devant cette personne, et faites bien attention de valider vos papiers ou de faire plus de recherche avant tout engagement. Si votre lecture concerne l'argent ou votre carrière, tirer cette carte est signe de potentiels ennuis financiers. Réfléchissez à laisser passer cette opportunité, car elle pourrait vous conduire à une perte d'abondance ou léser votre réputation.

CARTES COMPAGNES

LE SEL : Avertissement à prendre très au sérieux : prenez tout de suite des mesures pour vous protéger.

LA BRANCHE CASSÉE : cette personne vous causera beaucoup de chagrin.

*** N'hésitez pas à solliciter de l'aide si vous, ou quelqu'un que vous connaissez, semble être en danger immédiat. ***

35. ENSORCELÉ

MOTS-CLÉS

Vous êtes envoûté ; obsession ; addiction ; conditionnement

LAME COMPAGNE

Le Diable

La tentation peut s'apparenter à un envoûtement : vous savez que vous ne devriez pas y succomber mais vous le faites quand même. Vous persévérez dans vos mauvais choix, même lorsqu'ils vous font du mal, vous avez honte ou avez l'impression que votre contrôle vous échappe un peu plus à chaque nouvelle tentative de sabotage.

Dans un tirage sur l'argent, Ensorcelé apparaît lorsque vous êtes trop focalisé sur des préoccupations d'ordre matériel ou les combines pour devenir rapidement riche. Pour atteindre vos objectifs ou un certain statut ou niveau de réussite, il se pourrait que vous sacrifiiez vos croyances. Ce faisant, continuer sur cette voie se fera au prix d'un lourd tribut personnel. Dans un tirage concernant la carrière, tirer cette carte est le signe indéniable que vous êtes dans un mauvais environnement et que vous donnez bien plus que vous ne recevez.

En amour, vous pourriez vous retrouver à poursuivre des personnes et des relations superficielles. Il se pourrait que vous vous soyez coupé de toute découverte de liens véritables, profonds et significatifs alors que c'est ce que vous désirez.

De manière générale, cette carte représente une victimisation et un besoin de blâmer les autres pour vos choix. Vous pouvez changer les choses à tout moment, mais vous n'avez toujours pas assumé votre responsabilité pour le rôle que vous avez joué dans votre situation.

CARTES COMPAGNES

LE PAPILLON DE MINUIT : Il se peut que vous rejetiez injustement la faute sur les autres. Réfléchissez au rôle que vous avez joué dans votre situation et à la manière dont vous pourriez à présent y remédier.

LES INVOCATIONS : Il s'agit de cultiver son amour de soi. Peut-être que la manière dont vous vous percevez est toxique et s'enracine dans de vieux préjugés qui vous empêchent de réussir.

LA BRANCHE CASSÉE : Craquer sous la pression est un grand sacrifice pour votre bien-être spirituel et pourrait vous conduire à un chagrin d'amour.

LE FAMILIER : Il serait judicieux de chercher un mentor, un thérapeute compétent, ou un coach de vie, qui pourrait avoir sur vous une influence positive et vous aider à comprendre comment faire des choix plus positifs.

36. SE BAIGNER DANS LA RIVIÈRE

MOTS-CLÉS

Prendre soin de soi ; être présent ; s'occuper de son esprit, de son corps et de son âme

LAME COMPAGNE

Le Quatre d'Épées

Prendre soin de nous est une magie en soi. Un sort n'a pas besoin d'être élaboré pour être efficace, pas plus qu'il n'a besoin de produire quelque chose de spécifique, comme davantage d'argent ou un partenaire. La magie peut se pratiquer un dimanche après-midi douillet simplement en vous asseyant dans votre fauteuil préféré, près de votre fenêtre favorite, avec une bonne couverture et un thé ou café dans une jolie tasse, sans autre but que de profiter d'un moment rien qu'à vous pour vous connecter au présent.

Ce sont ces moments-là qui vous revigorent et vous donnent la force de vous confronter aux épreuves les plus difficiles de la vie, et quand cette carte flotte jusqu'à votre tirage, c'est l'esprit qui vous pousse à consacrer du temps à votre esprit, votre corps et votre âme.

Vous n'êtes pas totalement présent dans votre vie. Peut-être que vous avez une pratique spirituelle mais elle semble davantage être là pour rayer une ligne de votre liste de choses à faire qu'un réel moment de béatitude et de relaxation. Peut-être suivez-vous un régime sain mais gobez votre repas entre deux rendez-vous plutôt que d'en savourer le goût et de sentir les nutriments transiter dans votre corps. Prendre soin de soi n'est pas vraiment un « soin » si vous le ressentez comme une corvée ou comme une chose parmi d'autres avec laquelle il faut composer.

Souvenez-vous que vous comptez et que vous ne vous priorisez pas par égoïsme. Vous prenez soin de vous pour être présent à tous ces petits moments précieux de la vie : les premiers pas et les fêtes d'anniversaire, le temps passé avec des amis, celui passé à se cultiver et à vivre plutôt que d'attendre patiemment la fin de la journée.

CARTE COMPAGNE

AUCUNE : Cette carte surpasse presque toutes les autres cartes et représente un besoin immédiat de prendre soin de soi et de ralentir le rythme.

37. TRAVERSER LE VOILE

MOTS-CLÉS

Le deuil ; fins douces-amères ; marquer un passage

LAME COMPAGNE

Le Huit de Coupes

Même lorsque vous passez à quelque chose de mieux, il est parfois difficile de renoncer aux choses que vous avez aimées pendant si longtemps. Vous pourriez emménager dans la maison de vos rêves, mais cela ne veut pas pour autant dire que vous ne pleurerez pas les bons souvenirs de votre ancienne maison dans laquelle vous avez vécu jusqu'alors. Vous pouvez fêter le départ du nid de votre enfant et sa prise d'indépendance, mais vous aurez quand même besoin de temps pour assimiler ce bouleversement.

Cette carte représente ce moment doux-amer où vous êtes conscient qu'une belle période touche à sa fin, que vous regretterez. Je trouve qu'il y a beaucoup de pression à passer outre le chagrin plutôt que par lui. Souvent, échouer à reconnaître le chagrin peut faire douter du magnifique et nouveau chemin qui s'ouvre à vous.

Cette carte s'est présentée à vous car il est possible que vous remettiez en question une décision par peur que ce que vous trouverez ne vaille pas ce que vous abandonnez. Cette carte est la confirmation qu'il faut que vous lâchiez prise mais aussi que vous aménagiez un endroit où faire votre deuil. L'étape où vous vous trouvez vous a été bénéfique, mais vous êtes destiné à plus. Vous pourriez envisager d'organiser une cérémonie, dans le genre d'une remise de diplôme, pour marquer la transition d'une façon d'être à une autre. Ou bien de dresser un autel éphémère pour montrer votre gratitude et votre reconnaissance pour ce qui a été.

Par-dessus tout, ayez confiance que vous vous dirigez dans la bonne direction et qu'elle mènera à de nombreux autres souvenirs heureux. Vous êtes en sécurité et entouré. Même si vous ne savez pas de quoi demain est fait, sachez que vous êtes maintenu dans un état de sûreté par l'esprit et que lorsque vous lâcherez prise, quelque chose d'autre prendra sa place.

CARTES COMPAGNES

LA SORCIÈRE SOLITAIRE : Quelqu'un pourrait vous retenir et il serait peut-être temps de faire les choses par vous-même. Sortez d'une situation avec gratitude.

L'ÊTRE PROFOND : Gardez courage. Vous vous retrouverez bientôt dans une situation heureuse et fortuite. Tout ira bien.

38. LA SORCIÈRE DES BOIS

MOTS-CLÉS

Retraite ; repos ; communiez avec la nature ; solitude

LAME COMPAGNE

L'Ermite

La sorcière des bois est connectée à la nature d'une manière que la plupart de nos contemporains ne comprendront jamais. Les saisons sont son calendrier, le Soleil et la Lune, ses horloges. Les animaux sont ses compagnons et guides. Ils l'informent du danger, des ressources et des intentions de Mère Nature. Elle sait comment se servir de la terre comme boussole, sa vie est riche et épanouissante, exempte de toute distraction ou gaspillage. La sorcière des bois sait qu'être seule ne veut pas dire souffrir de solitude.

Cette carte ne parle pas à beaucoup de personnes, mais elle vous est apparue pour vous encourager à vous déconnecter des préoccupations matérielles et découvrir une vie plus spirituelle, rythmée par les rotations de la Terre. Passez du temps en pleine nature, partez en voyage en solo et, si possible, défaites-vous de l'agitation du stress quotidien. Du temps passé seul vous sera bénéfique. Cela vous donnera suffisamment d'espace pour trouver la clarté que vous cherchiez.

CARTES COMPAGNES

LES SAISONS DE LA SORCIÈRE : Prêtez plus attention aux cycles de votre vie. Répétez-vous le même cycle encore et encore ? Comment pouvez-vous sortir de cette monotonie ?

LES OS SUSPENDUS : Vous avez manqué les signes de votre corps et de votre âme vous indiquant de ralentir et vous reposer.

39. LE PAPILLON DE MINUIT

MOTS-CLÉS

Distraction ; se tromper de voie ; besoin de changement

LAME COMPAGNE

La Lune

Cette carte vous apporte un message urgent : vous avez radicalement besoin d'une nouvelle direction. C'est votre dernier arrêt avant qu'il ne soit trop tard pour rebrousser chemin. Une lumière, aussi belle que dangereuse, vous a attiré sur la mauvaise voie. Nous le faisons tous ; nous comparons tous notre cheminement à celui des autres. Vous pourriez vous demander ce qu'ils ont de si spécial ou pourquoi ils semblent saisir des opportunités qui ne se présentent jamais à vous. La réponse est qu'ils sont sur leur propre chemin, bien différent du vôtre.

Vous avez été distrait, trop concentré sur les autres pour avancer sur le chemin qui était spécifiquement destiné à votre âme. Vos dons uniques sont restés cachés derrière vos tentatives d'être ce que vous n'êtes pas. Peut-être en vous habillant dans un style qui n'est pas le vôtre pour vous sentir intégré, ou en décorant votre intérieur pour coller à la tendance sans que ce soit vraiment à votre goût. Cela pourrait aussi être de faire des choses avec des amis alors que vous préféreriez ne pas participer, ou changer vos objectifs pour faire plaisir aux autres et les mettre plus à l'aise.

Cette carte indique qu'il n'est pas encore trop tard pour changer les choses, mais que ce le sera bientôt. Cela peut paraître anodin, mais les autres perçoivent intuitivement lorsqu'une personne est dénuée d'authenticité. Vous pourriez risquer de manquer quelque chose de remarquable parce que vous ne montrez pas votre vrai visage. N'oubliez pas : l'univers vous présente des opportunités en fonction de qui vous êtes, et non de ce que les autres croient que vous devriez être.

CARTES COMPAGNES

LE CHASSEUR DE SORCIÈRE : Des distractions pourraient avoir des conséquences dévastatrices.

COVEN OU **LE FAMILIER :** Quelqu'un proche de vous vous distrait ou vous influence de manière négative.

40. EN HAUT COMME EN BAS

MOTS-CLÉS

Manifestation ; confiance ; cause et effet

LAME COMPAGNE

Le Magicien

« En haut comme en bas » est une expression commune des sorcières qui signifie que ce qui passe dans le cosmos se reflète sur le monde matériel, et vice versa. La seconde partie de l'expression est « à l'intérieur comme à l'extérieur », qui veut dire que votre paysage intérieur crée votre vie extérieure, et que ce dont vous faites l'expérience dans le monde vous affecte aussi bien émotionnellement que spirituellement. Ce n'est pas si différent du principe de cause à effet : toute action engage une répercussion.

Tout ceci signifie que vous avez le pouvoir de modifier vos circonstances. Plus vous guérissez et développez votre monde intérieur, plus le monde extérieur réfléchira la lumière intérieure. Vous pouvez commencer par faire attention aux messages que vous envoyez à l'univers, en ayant conscience qu'ils vous seront renvoyés d'une façon ou d'une autre. En guérissant vos traumatismes, vous contribuez à soigner la conscience partagée. En choisissant la bienveillance, vous envoyez plus d'amour au monde. Et en croyant en vous et en embrassant votre pouvoir, vous encouragez sans le savoir les autres à faire de même.

Il est à présent temps d'agir en fonction de votre cœur, en ayant foi qu'à chaque pas que vous faites en direction de vos objectifs, l'univers fera de même et soulèvera des montagnes en votre nom. La volonté collective s'active aussi pour vous venir en aide : les gens et les ressources vous rejoindront, conséquence directe de votre empressement à poursuivre vos rêves.

Cette carte sert aussi de carte d'abondance et, si votre tirage concerne la fortune, vous pourriez vite devenir l'heureux bénéficiaire d'une aubaine financière, ou bien une opportunité pourrait amener à une amélioration de vos finances.

C'est une carte providentielle. Cependant, si cette carte tombe du paquet et atterrit en position renversée, elle vous rappelle que tous les êtres sont connectés par la conscience collective et que si vous ne réagissez pas à une idée qui vous a été soufflée, elle reviendra éventuellement au collectif et se manifestera d'une nouvelle manière.

CARTE COMPAGNE

Cette carte augmente le pouvoir de manifestation de toutes les autres : agissez au plus vite pour réaliser vos objectifs.

L'ÊTRE PROFOND OU **L'HEURE DES SORCIÈRES :** C'est la combinaison de carte la plus favorable. Vous êtes déjà sur le chemin qui vous conduira à ce que vous désirez par-dessus tout.

41. LE SEL

MOTS-CLÉS

Limites ; protéger votre énergie

LAME COMPAGNE

La Reine d'Épées

Le sel est l'un des ingrédients les plus importants dans le placard d'une sorcière et est souvent utilisé pour former un cercle de protection avant de lancer un sort. Saupoudrez du sel autour de votre maison, sur le rebord des fenêtres et les pas-de-porte pour la protéger des énergies négatives, et utilisez-le pour dissiper toute vibration malfaisante dirigée contre vous.

Lorsque cette carte est tirée, c'est le signe que vous avez besoin de protection et devez prendre des mesures pour fixer des limites plus fermes. C'est à vous que revient la responsabilité d'enseigner aux autres à respecter vos besoins. Vous espérez peut-être que les autres sauront intuitivement comment vous traiter, mais n'oubliez pas que chaque être fait face à ses propres épreuves, leçons et situations traumatisantes. Ils peuvent avoir des blocages qui les empêchent de reconnaître instinctivement les limites qui vous semblent pourtant évidentes. Ce n'est pas une excuse pour vous maltraiter, mais c'est une raison suffisante pour que vous preniez la parole et communiquiez vos besoins au lieu d'attendre qu'on les devine.

Bien sûr, certaines personnes repousseront vos limites jusqu'à leur point de rupture. Certains pourraient même le faire exprès. En restant ferme vous leur faites comprendre que même s'ils poussent, vous ne céderez pas.

CARTES COMPAGNES

LA SORCIÈRE DES BOIS : Réguler vos finances est nécessaire. Faites plus attention à la valeur que vous accordez aux biens matériels, ou veillez à ne pas trop distribuer de ressources matérielles.

LES HERBES MAGIQUES : La quantité de temps et de ressources que vous donnez n'est pas tenable et peut mener à des résultats dramatiques. Soyez plus frugal avec votre temps, votre énergie et votre argent.

LES VŒUX SACRÉS : Ne sacrifiez pas vos croyances pour le confort, l'admiration ou l'acceptation des autres.

42. JUSQU'À LA TOMBE

MOTS-CLÉS

Secrets ; avoir besoin de discrétion ; stratégie

LAME COMPAGNE

L'Empereur

Le monde d'aujourd'hui est pressurisant. Les réseaux sociaux sont des outils incroyables qui ont facilité l'expansion des connexions à travers le monde. Ils ont cependant aussi fait pression sur beaucoup, qui ont alors exposé leur vie pour plus de « j'aime », de vues et même de gloire et de fortune. Malheureusement, les réseaux sociaux ne sont qu'une réflexion de notre vie quotidienne. De nombreuses personnes se confrontent à la pression de faire plus, de donner plus, d'être plus pour tous ceux qui les entourent. Vous pouvez vous sentir forcé de devoir vous expliquer ou de commenter la manière dont vous occupez votre temps libre. Cependant, il n'appartient qu'à vous de partager, ou non, votre temps et ce qui compte pour vous.

N'oubliez pas : vous pouvez garder des choses pour vous sans pour autant vous sentir coupable ou comme si vous deviez tout donner aux autres, y compris à vos proches. Dans les relations amoureuses, on pense souvent que l'intimité veut dire tout connaître de l'autre, mais personne n'a besoin d'avoir 100 % de vous. Vous pouvez tout à fait partager une chose avec un ami que vous ne partageriez pas avec un autre.

Cette carte vous incite à faire preuve de discrétion. Gardez des choses pour vous pour l'instant. Objectifs et rêves nécessitent de l'obscurité et de la sécurité lorsqu'ils sont encore fragiles et vulnérables. Ce temps sacré vous donne l'espace pour construire de solides fondations qui vous supporteront lorsque vous ferez face aux critiques, aux questions et aux tentatives déterminées à détruire ce que vous avez construit.

CARTES COMPAGNES

L'HEURE DES SORCIÈRES OU **EN HAUT COMME EN BAS** : Travailler à vos objectifs en privé sera bénéfique pour votre réussite. Ne partagez pas d'informations maintenant. Réfléchissez à tirer une carte supplémentaire. Demandez : « Comment saurai-je si c'est le bon moment pour partager des détails sur mon objectif ? »

À VOS RISQUES ET PÉRILS : Des clarifications sont nécessaires avant que vous ne soyez prêt à partager des détails sur vos objectifs. Profitez-en pour résoudre des problèmes ou mieux comprendre votre projet ou intention.

FORMER LE CERCLE : Soyez patient. Vous n'êtes peut-être pas assez préparé. Cherchez des informations en plus ou entraînez-vous avant de demander de l'aide.

LES FANTÔMES DU PASSÉ : Vous pouvez faire confiance à une personne de votre passé. Il est possible qu'elle puisse vous aider à réaliser vos plans.

43. LA PISTE DU SANG

MOTS-CLÉS

Magnificence ; lignée ; se connecter à quelque chose de plus grand

LAME COMPAGNE

Le Six de Bâtons

Fermez les yeux et imaginez combien de personnes et de générations il a fallu pour que vous soyez ici aujourd'hui. Votre lignée ancestrale remonte à des milliers d'années, jusqu'à la première femme et le premier homme. Et chacune de ces générations compte toutes les types de personnes que vous pouvez imaginer : des commerçants, enseignants, rebelles, révolutionnaires, inventeurs, guérisseurs, héros, chasseurs, cueilleurs et peut-être même des têtes couronnées. Tous se rassemblent, partagent votre sang pour ne former qu'un seul et magnifique être : VOUS !

Vous êtes connecté à quelque chose de plus grand que vous et vous possédez la force, la sagesse et la gloire de tous vos ancêtres pour vous soutenir. Ne remettez pas en doute la puissance de votre existence. Par la piste du sang, vous disposez de l'ADN de n'importe quel genre de personne que vous souhaitez être. Peu importe la distance qui vous sépare de vos ancêtres, ils vous ont offert leur grandeur à travers les liens familiaux et soutiendront vos efforts pour réaliser vos rêves.

Si vous vous êtes senti perdu ou confus, peu sûr de vous ou vulnérable, appelez vos ancêtres et demandez-leur de partager avec vous leur pouvoir. Lorsque vous êtes troublé, confiez-leur vos inquiétudes et demandez-leur de dégager votre chemin. Et quand vous ressentirez de la joie, réjouissez-vous avec eux et remerciez-les pour les forces et talents qu'ils vous ont transmis par le sang qui coule dans vos veines.

Tirer cette carte est un « bonjour » de la part de vos ancêtres, ainsi qu'une invitation à communiquer plus souvent avec eux. Si vous n'en avez pas, érigez un autel en leur honneur et recueillez-vous à cet endroit sacré dans les prochaines semaines. Vous remarquerez que plus vous passez du temps avec vos ancêtres, plus vous faites preuve de lucidité et de détermination.

CARTE COMPAGNE

LE PAPILLON DE MINUIT : Vous n'êtes pas aligné spirituellement. Ce que vous avez demandé n'est pas idéal pour vous en ce moment.

44. L'ÊTRE PROFOND

MOTS-CLÉS

Amour de soi et acceptation ; revendiquer son unicité ; souveraineté

LAMES COMPAGNES

Le Dix de Coupes ; Le Soleil, Le Monde

Réjouissez-vous ! Si vous avez tiré cette carte, c'est que vous avez trouvé ou êtes sur le point de trouver la lumière au bout du tunnel. Vous avez fourni les efforts demandés, et surmonté vos défis. Résultat, vous entrez dans une période de conscience de soi, d'amour de soi, de souveraineté et de compréhension de qui vous êtes et de qui vous devenez.

Cette carte symbolise la paix et l'épanouissement spirituel et émotionnel. Vous avez embrassé toutes les choses qui font que vous avez une personnalité unique et vous ne comptez pas vous excuser pour ces parties de vous que les autres peuvent ne pas aimer ou comprendre. Cette carte positive représente l'harmonie, peu importe sa place dans le tirage.

Dans un tirage sur l'amour, vous pouvez vous attendre à une union heureuse. C'est un bon présage pour un nouvel amour, pour trouver une connexion plus profonde dans un amour existant, pour passer à la prochaine étape dans une relation ou fonder une famille. Dans un tirage qui concerne la fortune, vous pouvez vous attendre à trouver une stabilité financière. Dans un tirage axé sur la carrière, cette carte signifie que vous êtes au bon endroit et que votre carrière actuelle vous conduira au bonheur pendant bien des lunes. Si votre lecture concerne une dispute ou un problème, cette carte est le signe que vos ennuis connaîtront un heureux dénouement et que tout rentrera dans l'ordre prochainement.

CARTE COMPAGNE

Cette carte ensoleille toutes les autres ; les choses vont s'arranger en votre faveur.

EN HAUT COMME EN BAS OU **L'HEURE DES SORCIÈRES :** C'est la combinaison de carte la plus favorable. Vous êtes déjà sur le chemin qui vous conduira à ce que vous désirez par-dessus tout.

REMERCIEMENTS

Comme pour beaucoup d'entre vous, ces dernières années marquées par la pandémie mondiale ont été compliquées, mais m'ont fait découvrir des choses dont j'ignorais avoir besoin. Je suis tellement chanceuse et honorée d'avoir dans ma vie des personnes qui m'ont soutenue pendant cette période et qui m'ont aidée à faire face à ce voyage spirituel, qui m'aura finalement permis de créer cet oracle.

Ma gratitude va aux esprits, pour m'avoir toujours montré ce dont j'avais besoin. Pour me pousser à sortir de ma zone de confort et avoir répondu à mes prières, même si j'ai parfois du mal à entendre leur message.

Ma gratitude va à mes générations d'ancêtres, dont la sagesse et le sang coulent dans mes veines. Merci à chacun d'entre vous dont la vie a servi d'étape supplémentaire dans ce voyage qui est le mien. Merci, chers ancêtres, d'êtres toujours présents pour m'aider. Pour m'avoir étreinte dans ces moments où je pleure seule dans le noir et pour avoir tracé ces chemins qui mènent aux choses qui m'apportent de la joie.

Ma gratitude va à ma mère, Cynthia. Toi, plus que quiconque sur cette planète, m'a soutenue, moi et mes rêves. Tu m'as encouragée à continuer lorsque je voulais tout quitter, apporté ton aide lorsque j'étais trop fière pour la demander, crié mes réussites à tous ceux qui s'arrêtaient suffisamment longtemps pour écouter, et défié quiconque de dire quelque chose contre moi lorsque tu leur disais que ta fille était une sorcière. Je t'aime de tout mon cœur.

Ma gratitude va à Tamala Floyd, pour toutes années où elle m'a soutenue. Tu as écouté toutes les choses folles qui me sont arrivées dans la vie et tu es probablement l'unique raison qui a fait que je sois sortie aussi vite de mes ténèbres.

Ma gratitude va à Athena. Cela m'a pris des années pour pouvoir dire ceci, mais mon esprit me dit qu'il est temps. Merci pour ce temps passé ensemble. Cela m'a montré ce dont j'étais capable et je ne serais pas là aujourd'hui si ce n'était grâce à mes expériences à tes côtés.

Ma gratitude va à Lisa de Rockpool Publishing. Tu es vraiment la meilleure. Merci mille fois de t'être occupée de moi cette année et de toujours vouloir poursuivre cette incroyable aventure aux multiples projets à venir. Je remercie aussi toute l'équipe de Rockpool, en particulier Danielle qui s'est emparée de ma vision pour en faire quelque chose d'incroyable.

Enfin, ma gratitude va à tous ceux qui m'ont aidée pendant toutes ces années. Il est difficile de croire que c'est mon cinquième oracle, et que bien d'autres sont en cours. Je reconnais pleinement la chance que j'ai eue dans cette aventure, et votre soutien en est la raison.

À PROPOS DE L'AUTEURE

Lorriane Anderson est une enseignante spirituelle multidisciplinaire, auteure et entrepreneuse de l'âme, dont le travail se concentre principalement sur la vie énergétique et intentionnelle ainsi que sur l'utilisation des pratiques spirituelles comme voie de guérison, de croissance et de transformation profondes. Elle est la co-créatrice de la série d'oracles bestsellers *Les Saisons de la sorcière*, parus aux éditions Contre-Dires, ainsi que d'autres titres dans le domaine du spirituel.

À PROPOS DE L'ILLUSTRATRICE

Olivia Bürki est une artiste freelance suisse qui parcourt actuellement le monde pour suivre sa vocation. Elle est passionnée par l'illustration des thèmes spirituel, bohème et naturel, auxquels elle ajoute des touches florales, toujours empreintes de rêverie. Elle travaille aussi bien les supports traditionnels que numériques, et aime combiner les deux techniques dans son travail.